어휘만 알아도 일본어능력시험에 합격한다

일본어 단어
자동암기
N3

김연진 & 오쿠무라 유지 지음

바이링구얼

어휘만 알아도
일본어능력시험에 합격한다

일본어능력시험은 레벨에 따라 한자, 어휘, 문법, 독해, 청해 파트로 구성되어 있습니다. 하지만 모든 파트의 가장 중요한 기본은 어휘입니다. 어휘를 모르면 독해, 청해 등 모든 파트에서 문제를 이해조차 할 수 없습니다. 반대로 해당 레벨의 어휘만 제대로 알고 있으면, 한국어와 어순이 같고 발음이 어렵지 않기 때문에 나머지 파트를 열심히 공부하지 않고도 일본어능력시험에 합격할 정도의 점수는 받을 수 있습니다. 물론 따로 더 공부하면 보다 완벽한 점수를 받을 수 있겠지만요.

이 책에서는 일본어 어휘를 쉽게 익힐 수 있도록 주제별로 어휘를 분류하고, 팟캐스트에서 저자 강의를 무료로 제공하고 있습니다. 책만 보는 것보다 저자의 강의를 들으며 공부하면 몇 배 더 효과적으로 일본어 어휘를 습득할 수 있습니다. 강의가 끝난 후 배운 어휘들을 직접 연습장에 써 보면 훨씬 좋습니다.

본문 학습이 끝나면 그날 배운 어휘들은 연습문제를 통해 한 번 더 확실히 익힐 수 있도록 구성했습니다. 또, 5개의 주제로 구성된 한 파트가 끝날 때마다 능력시험 실전문제로 실력을 다지고 시험에 적응할 수 있습니다. 여러분의 합격을 진심으로 기원합니다.

일본어 단어 자동 암기 학습법

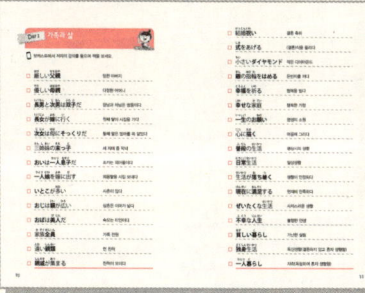

Step 1
팟캐스트 강의 청취
저자의 음성 강의를 들으며 주제별 N3 어휘 학습하기

 팟캐스트   팟빵

Step 2
연습문제
그날 배운 어휘를 연습문제를 통해 확실하게 익히기

Step 3
능력시험 실전문제
한 주 동안 익힌 어휘로 구성된 N3 실전문제로 실력 다지기

1주차

1	가족과 삶	10
2	출산/육아/일생	14
3	집 안/주거/방문	18
4	세탁/청소	22
5	외출/하루 일과	26

2주차

6	감정/표정	36
7	사람의 특성	40
8	여러 가지 동작	44
9	몸 상태/증상	48
10	건강/병원/생사	52

3주차

11	거리/마을	62
12	위치/방향/이동	66
13	대중교통	70
14	운전	74
15	사건/사고	78

4주차

16 시간/일정	88
17 숫자/단위/계산	92
18 자연/환경	96
19 날씨/일기예보	100
20 동물/식물	104

5주차

21 학교생활/친구	114
22 공부/시험	118
23 입시/대학생활	122
24 만남/연애/이별	126
25 인간관계/모임	130

6주차

26 직업/여러 가지 일	140
27 취업/직장 생활	144
28 업무	148
29 회의	152
30 문제 상황/노력/해결	156

7주차

31 사회	166
32 산업	170
33 우편/메일/컴퓨터	174
34 가계/돈/은행	178
35 접속사	182

8주차

36 요리	192
37 음식/식사/외식	196
38 쇼핑/장사	200
39 패션	204
40 색깔/모양	208

9주차

41 여가 생활/취미	218
42 운동/스포츠	222
43 여행	226
44 방송/연예/관람	230
45 신체 표현	234

Day 1 가족과 삶
Day 2 출산/육아/일생
Day 3 집 안/주거/방문
Day 4 세탁/청소
Day 5 외출/하루 일과

Day 1 가족과 삶

📱 팟캐스트에서 저자의 강의를 들으며 책을 보세요.

☐ 厳しい父親	엄한 아버지
☐ 優しい母親	다정한 어머니
☐ 長男と次男は双子だ	장남과 차남은 쌍둥이다
☐ 長女が嫁に行く	첫째 딸이 시집을 가다
☐ 次女は母にそっくりだ	둘째 딸은 엄마를 쏙 닮았다
☐ 三姉妹の末っ子	세 자매 중 막내
☐ おいは一人息子だ	조카는 외아들이다
☐ 一人娘を嫁に出す	외동딸을 시집 보내다
☐ いとこが多い	사촌이 많다
☐ おじは額が広い	삼촌은 이마가 넓다
☐ おばは美人だ	숙모는 미인이다
☐ 家族全員	가족 전원
☐ 遠い親類	먼 친척
☐ 親戚が集まる	친척이 모이다

☐ 結婚祝い	결혼 축하
☐ 式をあげる	(결혼)식을 올리다
☐ 小さいダイヤモンド	작은 다이아몬드
☐ 銀の指輪をはめる	은반지를 끼다
☐ 幸福を祈る	행복을 빌다
☐ 幸せな家庭	행복한 가정
☐ 一生のお願い	평생의 소원
☐ 心に描く	마음에 그리다
☐ 普段の生活	평상시의 생활
☐ 日常生活	일상생활
☐ 生活が落ち着く	생활이 안정되다
☐ 現在に満足する	현재에 만족하다
☐ ぜいたくな生活	사치스러운 생활
☐ 不幸な人生	불행한 인생
☐ 貧しい暮らし	가난한 살림
☐ 独身生活	독신생활(결혼하지 않고 혼자 생활함)
☐ 一人暮らし	자취(독립하여 혼자 생활함)

- **夫婦**げんか　　　부부 싸움
- もう**飽**きた　　　이제 질렸다
- **夫**と**離婚**した　　　남편과 이혼했다

 연습문제

1 알맞은 어휘에 체크하세요.

① 娘を (ⓐ 嫁に出す　ⓑ 嫁に行く) のは本当に心が痛いです。

② 見た目は派手ですが、(ⓐ 普段の　ⓑ 普通の) 生活は質素です。

③ 娘さんはお母さんに (ⓐ そっくり　ⓑ ぴったり) で、美人です。

④ おいは (ⓐ 一人娘　ⓑ 末っ子) なので、皆から愛されています。

⑤ 誰もが幸せな家庭を (ⓐ 心にとめて　ⓑ 心に描いて) 結婚します。

2 괄호 안에 들어갈 어휘를 a·b·c·d·e 중에서 선택하세요.

1

① 生年月日が同じということは、二人は（　　　）ですね。
② いとこの結婚（　　　）に、花束をあげました。
③ 叔父は長い間、ソウルで（　　　）をしました。
④ 祖父の誕生日には（　　　）が家に集まります。

> ⓐ親戚　ⓑ双子　ⓒ一人暮らし　ⓓ長女　ⓔ祝い

2

①「（　　　）のお願いですから、行かないでください。」
② 親の反対があっても、秋には彼と（　　　）をあげるつもりです。
③ 二人は結婚したばかりなのに、いつもお金のことで（　　　）します。
④ 父の（　　　）は、父と1歳しか違わないのに若く見えます。

> ⓐ一生　ⓑおば　ⓒ式　ⓓいとこ　ⓔ夫婦げんか

정답
1 ①a ②a ③a ④b ⑤b
2 **1** ①b ②e ③c ④a　**2** ①a ②c ③e ④b

Day 2 출산/육아/일생

📱 팟캐스트에서 저자의 강의를 들으며 책을 보세요.

☐ 子供を産む	아이를 낳다
☐ 娘が生まれる	딸이 태어나다
☐ 東京生まれ	도쿄 태생
☐ 幼い息子	어린 아들
☐ 赤ちゃんをおんぶする	아기를 업다
☐ 子供を抱っこする	아이를 안다
☐ ミルクを飲ませる	우유를 먹이다
☐ 育児は大変だ	육아는 힘들다
☐ 父親が子育てに参加する	아버지가 육아에 참여하다
☐ 孫の面倒を見る	손자를 돌보다
☐ 幼稚園に送る	유치원에 보내다
☐ ママから離れない	엄마에게서 떨어지지 않다
☐ 幼児も参加できる	유아도 참가할 수 있다
☐ 親としての務め	부모로서의 도리

教育を重視する	교육을 중시하다
子供を叱る	아이를 혼내다
子供をほめる	아이를 칭찬하다
くせを直す	버릇을 고치다
手伝いをさせる	심부름을 시키다
行儀のいい子	예절이 바른 아이
行儀の悪い子	버릇이 없는 아이
わがままな息子	제멋대로인 아들
親の行動を真似する	부모의 행동을 흉내내다
心配をかける	걱정을 끼치다
愛する子供たち	사랑하는 아이들
かわいい少女	귀여운 소녀
かわいそうな子供	가엾은 아이
立派に成長する	멋지게 성장하다
素直に育つ	구김살 없이 자라다
少年が青年になる	소년이 청년이 되다
成人の日を祝う	성년의 날을 축하하다

□ 親から独立する	부모님으로부터 독립하다
□ 中年の男性	중년 남성
□ 健康な老人	건강한 노인
□ 年寄になる	노인이 되다
□ 親を亡くす	부모님을 여의다
□ 墓参り	성묘

 연습문제

1 알맞은 어휘에 체크하세요.

① 子どもの (ⓐ 面倒を見る ⓑ 面倒をかける) のは本当に大変です。

② 親は (ⓐ 行儀のいい ⓑ わがままな) 子に育てようとします。

③ 親に (ⓐ 心配になる ⓑ 心配をかける) のはよくありません。

④ お母さんは赤ちゃんを (ⓐ おんぶして ⓑ 抱っこして) ミルクを飲ませます。

⑤ 結婚してすぐ子どもが (ⓐ 生みました ⓑ 生まれました)。

2 괄호 안에 들어갈 어휘를 a·b·c·d·e 중에서 선택하세요.

1

① 私は大阪(　　)の大阪そだちです。
② たとえ子供が一人だとしても、(　　)は大変です。
③ 祖母は何かあると、いつも私に(　　)をさせました。
④ 普通、小学校に入る前に(　　)に送ります。

> ⓐ 幼稚園　ⓑ 手伝い　ⓒ 生まれ　ⓓ 育児　ⓔ 息子

2

① 子供の頃の(　　)はなかなか直りません。
② いくらやりたいことがあっても、親に(　　)をかけてはいけません。
③ 子供を教育するのは親としての(　　)です。
④ 子はいつも親の行動を(　　)するので、気をつけてね。

> ⓐ 行儀　ⓑ 務め　ⓒ 心配　ⓓ 真似　ⓔ くせ

정답

1 ①a ②a ③b ④b ⑤b
2 **1** ①c ②d ③b ④a　**2** ①e ②c ③b ④d

Day 3 집 안/주거/방문

📱 팟캐스트에서 저자의 강의를 들으며 책을 보세요.

☐ スリッパを**はく**	슬리퍼를 신다
☐ **ソファー**に<ruby>座<rt>すわ</rt></ruby>る	소파에 앉다
☐ <ruby>居間<rt>いま</rt></ruby>で**お**<ruby>茶<rt>ちゃ</rt></ruby>をする	거실에서 차를 마시다
☐ **カーペット**を<ruby>敷<rt>し</rt></ruby>く	카펫을 깔다
☐ **たたみ**を<ruby>敷<rt>し</rt></ruby>く	다다미를 깔다
☐ <ruby>雨戸<rt>あまど</rt></ruby>を<ruby>閉<rt>し</rt></ruby>める	덧문을 닫다
☐ <ruby>部屋<rt>へや</rt></ruby>の<ruby>隅<rt>すみ</rt></ruby>	방구석
☐ <ruby>壁<rt>かべ</rt></ruby>に<ruby>絵<rt>え</rt></ruby>を<ruby>飾<rt>かざ</rt></ruby>る	벽에 그림을 장식하다
☐ <ruby>高級<rt>こうきゅう</rt></ruby>な<ruby>家具<rt>かぐ</rt></ruby>	고급스러운 가구
☐ <ruby>家<rt>いえ</rt></ruby>の<ruby>宝<rt>たから</rt></ruby>	집안의 보물, 가보
☐ **ケース**から<ruby>取<rt>と</rt></ruby>り<ruby>出<rt>だ</rt></ruby>す	케이스에서 꺼내다
☐ <ruby>棚<rt>たな</rt></ruby>から<ruby>降<rt>お</rt></ruby>ろす	선반에서 내리다
☐ <ruby>屋根<rt>やね</rt></ruby>を<ruby>直<rt>なお</rt></ruby>す	지붕을 고치다
☐ <ruby>家事<rt>かじ</rt></ruby>が<ruby>面倒<rt>めんどう</rt></ruby>くさい	집안일이 귀찮다

☐	昼寝をする	낮잠을 자다
☐	家でのんびりする	집에서 느긋하게 있다
☐	疲れが取れる	피로가 가시다
☐	家電製品	가전제품
☐	扇風機をかける	선풍기를 틀다
☐	クーラーを消す	에어컨을 끄다
☐	便利な機能	편리한 기능
☐	使用方法	사용방법
☐	アンテナをつける	안테나를 달다
☐	スイッチを入れる	스위치를 켜다
☐	スイッチを切る	스위치를 끄다
☐	ボタンを押す	버튼을 누르다
☐	電球が切れる	전구가 나가다
☐	停電に備える	정전에 대비하다
☐	無駄に使う	낭비하다
☐	有効に使う	유익하게 쓰다
☐	引っ越しの荷物	이삿짐

□ 住居を失う	주거지를 잃다
□ 留守番をする	빈집을 지키다
□ 鍵をかける	열쇠를 잠그다
□ お邪魔します	실례하겠습니다
□ お構いなく	신경쓰지 않으셔도 돼요
□ 遠慮なく召し上がってください	사양 말고 드세요

 연습문제

1 알맞은 어휘에 체크하세요.

① 台風が近づいているので、雨戸をしっかり (ⓐ 閉めて ⓑ 閉じて) ください。

② 休みの日は家で (ⓐ すっきりする ⓑ のんびりする) つもりです。

③ 「ドラマが始まるから、テレビのスイッチを (ⓐ いれて ⓑ 消して) くれない?」

④ いくらお金がたくさんあっても、(ⓐ 無駄に ⓑ 有効に) 使ってはだめですよ。

⑤ 「遠慮なく (ⓐ お召しください ⓑ 召し上がってください)」

2 괄호 안에 들어갈 어휘를 a·b·c·d·e 중에서 선택하세요.

1

① 嵐が来そうなので（　　　）に備えましょう。
② このスマートフォンには便利な（　　　）がたくさんあります。
③ このマッサージ機を使えば、（　　　）が取れます。
④ この製品は複雑なので、（　　　）をよく読んでからお使いください。

> ⓐ機能　ⓑ停電　ⓒ疲れ　ⓓのんびり　ⓔ使用方法

2

① 私の部屋には（　　　）に絵が飾ってあります。
② 家が古くなって、雨が降ったとき（　　　）から水が漏れます。
③ 日本の家にはだいたい（　　　）の部屋があります。
④ 「家を出るときは、必ず（　　　）をかけて行ってね」

> ⓐ壁　ⓑたたみ　ⓒ鍵　ⓓ家事　ⓔ屋根

정답

1 ①a ②b ③a ④a ⑤b
2 **1** ①b ②a ③c ④e **2** ①a ②e ③b ④c

Day 4 세탁/청소

📱 팟캐스트에서 저자의 강의를 들으며 책을 보세요.

□ コートを**クリーニング**に出す　　코트를 세탁소에 맡기다

□ 泥で服を汚す　　진흙으로 옷을 더럽히다

□ シャツに汚れがつく　　셔츠에 얼룩이 묻다

□ 汚れが落ちる　　얼룩이 빠지다

□ 汚れを落とす　　얼룩을 빼다

□ 洗濯機に洗剤を入れる　　세탁기에 세제를 넣다

□ 泡が立つ　　거품이 일다

□ 洗濯機を回す　　세탁기를 돌리다

□ 洗濯物が乾く　　빨래가 마르다

□ 洗濯物を干す　　빨래를 널다

□ 洗濯物をたたむ　　빨래를 개다

□ **アイロン**をかける　　다림질을 하다

□ 針に糸を通す　　바늘에 실을 통과시키다

□ 部屋を**散**らかす　　방을 어지르다

- あちこちに散らかる 여기저기 어지러지다
- おもちゃが散らかっている 장난감이 흩어져 있다
- 網戸に穴が空く 방충망에 구멍이 나다
- 引き出しを整理する 서랍을 정리하다
- 机の上が片付く 책상 위가 정리되다
- 部屋をきちんと片付ける 방을 깔끔히 정리하다
- 家具のほこりを取る 가구의 먼지를 털다
- ぞうきんを濡らす 걸레를 적시다
- 窓をぴかぴかに拭く 유리창을 반짝거리게 닦다
- 掃除機をかける 청소기를 돌리다
- 床を掃除する 마루를 청소하다
- 包みを開ける 보따리를 열다
- 袋に入れる 봉지에 넣다
- カバーをかける 커버를 씌우다
- 空の箱 빈 상자
- 空っぽの箱 텅 빈 상자
- 箱を再利用する 상자를 재활용하다

- **空き缶をリサイクルする**　　　　빈 깡통을 재활용하다

- **資源ごみを回収する**　　　　　자원 쓰레기를 회수하다

- **ごみを分ける**　　　　　　　　쓰레기를 분리하다

- **新聞紙をひもで結ぶ**　　　　　신문지를 끈으로 묶다

- **庭の芝生を刈る**　　　　　　　정원의 잔디를 깎다

- **植物を育てる**　　　　　　　　식물을 기르다

연습문제

1 알맞은 어휘에 체크하세요.

① 掃除していないので、部屋がちょっと (ⓐ 汚しています　ⓑ 散らかっています)

② 洗濯物は外に (ⓐ 干して　ⓑ 乾いて) ください。

③ いつも私が掃除機を (ⓐ かけます　ⓑ 拭きます)。

④ 汚れがひどくて、何度洗っても (ⓐ 落ちません　ⓑ 落としません)

⑤ ごみは必ず (ⓐ 分けて　ⓑ 片づけて) 出してくださいね。

2 괄호 안에 들어갈 어휘를 a·b·c·d·e 중에서 선택하세요.

1
① 子どもの頃は、よく外で遊んで(　　　　)で服を汚しました。
② 目が悪くなって、(　　　　)に糸を通すのが難しくなりました。
③ 洗濯物を洗う時は、(　　　　)が立つまで待ちましょう。
④ (　　　)に穴が開いていて、蚊が入ってきました。

> ⓐ針　ⓑ泥　ⓒ網戸　ⓓ床　ⓔ泡

2
① 雑巾で、机の上に積もった(　　　　)を拭き取りました。
② 家から持ってきた(　　　　)を開けたら、母の手紙が入っていました。
③ 服についた油の(　　　　)はなかなか落ちません。
④ 引き出しを(　　　　)していたら、昔の写真が出てきました。

> ⓐ包み　ⓑ汚れ　ⓒ洗剤　ⓓほこり　ⓔ整理

정답

1 ①b ②a ③a ④a ⑤a
2 **1** ①b ②a ③e ④c　**2** ①d ②a ③b ④e

Day 5　외출/하루 일과

📱 팟캐스트에서 저자의 강의를 들으며 책을 보세요.

□ 朝早く目が覚める　　　　　아침 일찍 잠이 깨다

□ 布団から起き上がる　　　　이부자리에서 일어나다

□ 寝坊をする　　　　　　　　늦잠을 자다

□ シャワーを浴びる　　　　　샤워를 하다

□ 歯を磨く　　　　　　　　　이를 닦다

□ ひげをそる　　　　　　　　수염을 깎다

□ うがいをする　　　　　　　양치질을 하다

□ 石けんで顔を洗う　　　　　비누로 세수하다

□ ドライヤーで髪の毛を乾かす　드라이어로 머리카락을 말리다

□ タオルが濡れる　　　　　　타올이 젖다

□ 化粧をする　　　　　　　　화장을 하다

□ 化粧品が切れた　　　　　　화장품이 다 떨어졌다

□ 口紅をつける　　　　　　　립스틱을 바르다

□ 鏡に映る　　　　　　　　　거울에 비치다

☐ 自分で髪を**セット**する	스스로 머리를 세팅하다
☐ **イヤリング**をつける	귀걸이를 차다
☐ **制服**に着替える	교복으로 갈아입다
☐ **ワンピース**を着る	원피스를 입다
☐ **スカート**をはく	스커트를 입다
☐ **マスク**をする	마스크를 하다
☐ **手袋**をする	장갑을 끼다
☐ **マフラー**をまく	목도리를 두르다
☐ **外出**の支度	외출 준비
☐ 玄関まで**見送る**	현관까지 배웅하다
☐ 駅まで**出迎える**	역까지 마중나가다
☐ メイクを落とす	화장을 지우다
☐ **腕時計**を外す	손목시계를 빼다
☐ **ネクタイ**を外す	넥타이를 풀다
☐ **くつした**を脱ぐ	양말을 벗다
☐ **風呂**に入る	목욕을 하다
☐ **こっそり**家を出る	몰래 집을 나가다

☐ **目覚まし時計をセット**する	알람 시계를 맞추다
☐ **一日**を**反省**する	하루를 반성하다
☐ **毛布**をかけて**寝**る	담요를 덮고 자다
☐ **いつの間にか眠**る	어느 틈엔가 잠들다
☐ いい**夢**を**見**る	좋은 꿈을 꾸다
☐ **夜中**に目を**覚**ます	밤중에 잠에서 깨다

연습문제

1 알맞은 어휘에 체크하세요.

① 今日はスカートを (ⓐ 着て ⓑ はいて) でかけます。
② 家に帰ったらすぐメイクを (ⓐ 洗って ⓑ 落として) ください。
③ 外国から来る友達を空港まで (ⓐ 見送りに ⓑ 出迎えに) 行きます。
④ 妻がわからないように (ⓐ こっそり ⓑ ゆっくり) 家を出ました。
⑤ テレビを見ていたら (ⓐ ずっと ⓑ いつの間にか) 眠ってしまいました。

2 괄호 안에 들어갈 어휘를 a·b·c·d·e 중에서 선택하세요.

1

① 1日3回、食事の後に（　　　　）を磨きましょう。
② 私は高校生になってから（　　　　）をそり始めました。
③ 家を出る前に、ドライヤーで（　　　　）をセットします。
④ 外から帰ってきたら、風邪をひかないように必ず（　　　　）をしましょう。

> ⓐ 歯　　ⓑ うがい　　ⓒ ひげ　　ⓓ 耳　　ⓔ 髪

2

① 私は毎朝（　　　　）を浴びます。
② 冬は手が冷えるので（　　　　）をして出かけます。
③ （　　　　）に映った自分の姿を見て、びっくりしました。
④ 「風邪をひいたときは（　　　　）をしないといけません」

> ⓐ 布団　　ⓑ 鏡　　ⓒ シャワー　　ⓓ マスク　　ⓔ 手袋

정답

1 ①b ②b ③b ④a ⑤b
2 **1** ①a ②c ③e ④b　**2** ①c ②e ③b ④d

1 (　　) に入れるのに最もよいものを、a・b・c・d から一つえらびなさい。

① 子どもにミルクを (　　　　) のも楽じゃありません。

　ⓐ 食べる　ⓑ 飲まれる　ⓒ 食べさせる　ⓓ 飲ませる

② 生活が (　　　　)、連絡してください。

　ⓐ 落ち着いたら　ⓑ 満足したら　ⓒ 飽きたら　ⓓ 整ったら

③ 疲れたときは、10分くらい昼寝を (　　　　) といいですよ。

　ⓐ 寝る　ⓑ 持つ　ⓒ する　ⓓ 休む

④ 今日はデートですから、イヤリングを (　　　　) 出かけます。

　ⓐ はめて　ⓑ かけて　ⓒ まいて　ⓓ つけて

⑤ 毎日ワイシャツにアイロンを (　　　　)。

　ⓐ 入れます　ⓑ 出します　ⓒ 拭きます　ⓓ かけます

⑥ 床にきれいなカーペットを (　　　　) ました。

　ⓐ 飾り　ⓑ 敷き　ⓒ たたみ　ⓓ かぶせ

⑦ (　　　　) 子どもを助けてあげるのは、人として当然です。

　ⓐ かわいい　ⓑ 元気な　ⓒ かわいそうな　ⓓ わがままな

⑧ 使った後はかならず (　　　　) 片づけてください。

　ⓐ ぴかぴかと　ⓑ きちんと　ⓒ こっそりと　ⓓ はっきりと

2 説明に最も合う言葉を、a・b・c・d から一つえらびなさい。

① 赤ちゃんを背に負う。

　ⓐ だっこする　ⓑ おんぶする　ⓒ ほめる　ⓓ 育てる

② 決まった時間よりおそく起きる。

　ⓐ 目を覚ます　ⓑ 夢を見る　ⓒ 寝坊する　ⓓ 昼寝する

③ 二人がよく似ている。

　ⓐ ぴったりだ　ⓑ 美人だ　ⓒ がっかりだ　ⓓ そっくりだ

④ 雑巾や布などに水をつける。

　ⓐ 濡らす　ⓑ 乾かす　ⓒ 散らかす　ⓓ 干す

3 _____に最も意味が近いものを、a・b・c・dから一つえらびなさい。

① 部屋を<u>片付ける</u>。

　ⓐ 整理する　ⓑ 散らかす　ⓒ 借りる　ⓓ 引っ越す

② 結婚して生活が<u>落ち着いた</u>。

　ⓐ 続いた　ⓑ 安定した　ⓒ 楽しんだ　ⓓ 苦しんだ

③ 立派な青年に<u>育った</u>。

　ⓐ させた　ⓑ 成長した　ⓒ 教育した　ⓓ できた

④ 休みの日はうちで<u>のんびり</u>します。

　ⓐ ゆっくり　ⓑ がっかり　ⓒ はっきり　ⓓ そっと

4 つぎのことばの使い方として最もよいものを、a・b・c・dから一つえらびなさい。

① 飽きる

　ⓐ たくさん食べてお腹が<u>飽きました</u>。
　ⓑ 毎日同じ料理で、もう<u>飽きました</u>。
　ⓒ 今では不幸な人生に<u>飽きました</u>。
　ⓓ 本を読んだりテレビを見たりして<u>飽きました</u>。

② 年寄り

ⓐ 年始めより年寄りのほうが忙しいです。
ⓑ みんな、公園で年寄りで遊んでいます。
ⓒ お年寄りには席をゆずりましょう。
ⓓ 駅の帰りに、スーパーに年寄りましょう。

③ 面倒くさい

ⓐ トイレのにおいは面倒くさいです。
ⓑ 先生にしかられて、面倒くさいです。
ⓒ 父はいつも娘の面倒くさいを見ます。
ⓓ 毎日お弁当を作るのは面倒くさいです。

④ 磨く

ⓐ 服を磨いて汚れてしまいました。
ⓑ いつも顔を磨いて出かけます。
ⓒ 歯を磨いて早く寝なさい。
ⓓ 髪はドライヤーで磨いてください。

＊정답은 242쪽을 확인하세요.

Day 6 감정/표정
Day 7 사람의 특성
Day 8 여러 가지 동작
Day 9 몸 상태/증상
Day 10 건강/병원/생사

2주

Day 6 감정/표정

📱 팟캐스트에서 저자의 강의를 들으며 책을 보세요.

☐ にっこり笑（わら）う	방긋 웃다
☐ 軽（かる）く微笑（ほほえ）む	가볍게 미소짓다
☐ 思（おも）わず笑（わら）ってしまう	엉겁결에 웃어 버리다
☐ 本当（ほんとう）に嬉（うれ）しい	정말로 기쁘다
☐ 喜（よろこ）びを味（あじ）わう	기쁨을 맛보다
☐ 幸（しあわ）せを感（かん）じる	행복을 느끼다
☐ 希望（きぼう）に満（み）ちる	희망에 차다
☐ 感動（かんどう）を受（う）ける	감동을 받다
☐ 感謝（かんしゃ）の気持（きも）ち	감사의 마음
☐ 誇（ほこ）りを持（も）つ	긍지를 갖다
☐ 自信（じしん）がある	자신이 있다
☐ 感情（かんじょう）が豊（ゆた）かだ	감정이 풍부하다
☐ 生（い）き生（い）きした表情（ひょうじょう）	생기 있는 표정
☐ 彼（かれ）の人気（にんき）がうらやましい	그의 인기가 부럽다

☐ 試験が終わってほっとする	시험이 끝나서 한숨 놓다
☐ 緊張が解ける	긴장이 풀리다
☐ 祖父の死を悲しむ	할아버지의 죽음을 슬퍼하다
☐ 実は悲しい	사실은 슬프다
☐ 今にも泣きそうだ	당장에라도 울 것 같다
☐ 急に涙が出る	갑자기 눈물이 나다
☐ 不満を抱く	불만을 품다
☐ ぶつぶつ文句を言う	투덜투덜 불평하다
☐ いらいらする	안절부절못하다
☐ いやな感じがする	안좋은 느낌이 들다
☐ 怖くてどきどきする	무서워서 두근두근하다
☐ 失望した顔	실망한 얼굴
☐ 期待に反する	기대에 어긋나다
☐ かたい表情	딱딱한 표정
☐ 真剣な表情をする	진지한 표정을 짓다
☐ めったに笑わない	좀처럼 웃지 않는다
☐ ストレスがたまる	스트레스가 쌓이다

- □ **やる気がない** 　　　　　　　　　의욕이 없다
- □ **外国のような気がする** 　　　　외국 같은 기분이 들다
- □ **他人の目を気にする** 　　　　　타인의 시선을 신경 쓰다
- □ **匂いが気になる** 　　　　　　　냄새가 신경쓰이다
- □ **この形が気に入る** 　　　　　　이 모양이 마음에 들다

 연습문제

1 알맞은 어휘에 체크하세요.

① やっと試験が終わって (ⓐ ほっと　ⓑ どきどき) しました。

② 先生の一言で緊張が (ⓐ 解けました　ⓑ 消えました)。

③ 子どもが生まれて、親になる喜びを (ⓐ 満ちました　ⓑ 味わいました)。

④ 親の愛情の深さに感動を (ⓐ もらいました　ⓑ 受けました)。

⑤ なかなかバスが来なくて、(ⓐ いらいら　ⓑ にっこり) します。

2 괄호 안에 들어갈 어휘를 a·b·c·d·e 중에서 선택하세요.

1

① 子どもの顔を見て（　　　　）泣きそうになりました。
② 大学に落ちて、（　　　　）しました。
③ 彼女はいつも無表情で、（　　　　）笑いません。
④ 私は料理には（　　　　）があります。

> ⓐ 今にも　ⓑ めったに　ⓒ 失望　ⓓ 自信　ⓔ 不満

2

① 子どもの元気な姿に（　　　　）を感じます。
② 彼の手紙を読んで急に（　　　　）が出ました。
③ 私は自分の仕事に（　　　　）を持っています。
④ 大変な仕事が多くて（　　　　）をうけます。

> ⓐ 涙　ⓑ 誇り　ⓒ 幸せ　ⓓ ストレス　ⓔ 感情

정답

1 ①a ②a ③b ④b ⑤a
2 **1** ①a ②c ③b ④d　**2** ①c ②a ③b ④d

Day 7 사람의 특성

📱 팟캐스트에서 저자의 강의를 들으며 책을 보세요.

☐ **魅力的**な**女性**	매력적인 여성
☐ **スタイル**がいい	스타일이 좋다
☐ **ハンサム**な**男性**	핸섬한 남성
☐ **かっこいい男**	멋있는 남자
☐ **笑顔**が**素敵**な**人**	웃는 얼굴이 멋진 사람
☐ **肌**が**黒い**ほうだ	피부가 검은 편이다
☐ **正直**な**人**	정직한 사람
☐ **平気**な**顔**で**うそ**をつく	태연한 얼굴로 거짓말을 하다
☐ **ユーモア**のある**人**	유머가 있는 사람
☐ **退屈**な**人**	따분한 사람
☐ **積極的**な**態度**	적극적인 태도
☐ **消極的**な**性格**	소극적인 성격
☐ **真面目**な**人**	성실한 사람
☐ **熱心**な**人**	열심인 사람

利口な少年	영리한 소년
ばかな人	바보 같은 사람
常識に欠ける	상식이 부족하다
世間を知らない	세상을 모르다
慎重に行動する	신중히 행동하다
礼儀正しい人	예의바른 사람
下品な行動	천박한 행동
陽気な女の子	쾌활한 여자아이
大人しい男の子	얌전한 남자아이
勇気のある人	용기 있는 사람
人間的な姿	인간적인 모습
長所がある	장점이 있다
短所がある	단점이 있다
平凡な人	평범한 사람
単純な人	단순한 사람
コーヒーを好む	커피를 좋아하다
好みのタイプ	좋아하는 타입

☐	**欲張りな子供**	욕심 많은 아이
☐	**けちな友達**	인색한 친구
☐	**意地悪な同僚**	심술궂은 동료
☐	**ずうずうしい態度**	뻔뻔한 태도
☐	**いい加減な男**	무책임한 남자
☐	**しつこい人**	집요한 사람

연습문제

1 알맞은 어휘에 체크하세요.

① 彼女はいつも平気な顔でうそを (ⓐ します　ⓑ つきます)。

② 彼は (ⓐ 常識に欠ける　ⓑ 礼儀正しい) のが短所です。

③ (ⓐ いい加減な　ⓑ 真面目な) 人は、皆から嫌われます。

④ 彼の (ⓐ ずうずうしい　ⓑ 勇気ある) 態度が気に入りません。

⑤ (ⓐ 利口な人　ⓑ 退屈な人) はいつでも慎重に行動します。

2 괄호 안에 들어갈 어휘를 a·b·c·d·e 중에서 선택하세요.

1

① 最近の若者は(　　　)にかけています。
② 彼は仕事に(　　　)で、誰からも認められます。
③ 私は(　　　)な人と結婚したいです。
④ ここでは(　　　)な行動はやめてください。

> ⓐ下品　ⓑ熱心　ⓒ平凡　ⓓ欲張り　ⓔ常識

2

① 最近は一緒にいて楽しい、(　　　)のある人が人気がある。
② 私は太っているので、(　　　)がいい人がうらやましいです。
③ 消極的な人より(　　　)な人がいいです。
④ このごろ(　　　)の正しい人が減りました。

> ⓐ積極的　ⓑ人間的　ⓒスタイル　ⓓユーモア　ⓔ礼儀

정답
1 ①b ②a ③a ④a ⑤a
2 **1**①e ②b ③c ④a **2**①d ②c ③a ④e

Day 8 여러 가지 동작

📱 팟캐스트에서 저자의 강의를 들으며 책을 보세요.

- 椅子から立ち上がる 의자에서 일어나다
- のろのろと歩く 느릿느릿 걷다
- 足元に気を付ける 발밑을 조심하다
- 鼻で呼吸する 코로 호흡하다
- 息をする 숨을 쉬다
- 息を吐く 숨을 내뱉다
- 鼻をかむ 코를 풀다
- 大声で叫ぶ 큰 소리로 외치다
- 髪を伸ばす 머리를 기르다
- 空を見上げる 하늘을 올려다보다
- 空から見下ろす 하늘에서 내려다보다
- 汗を流す 땀을 흘리다
- 手首をつかむ 손목을 잡다
- 手をつなぐ 손을 맞잡다

- 頭を叩く　　　　　　　머리를 때리다

- 腕を曲げる　　　　　　팔을 굽히다

- そっと触ってみる　　　살짝 만져 보다

- 拍手を送る　　　　　　박수를 보내다

- 荷物を持ち上げる　　　짐을 들어올리다

- 有名人と握手する　　　유명인과 악수하다

- 指を近づける　　　　　손가락을 가까이 대다

- じっとしている　　　　가만히 있다

- 脇にはさむ　　　　　　겨드랑이에 끼다

- 身を隠す　　　　　　　몸을 숨기다

- 犬を抱く　　　　　　　개를 안다

- ボールを転がす　　　　공을 굴리다

- 葉っぱを浮かべる　　　나뭇잎을 띄우다

- 風船を飛ばす　　　　　풍선을 날리다

- 紙を折る　　　　　　　종이를 접다

연습문제

1 알맞은 어휘에 체크하세요.

① 何もしないで (ⓐ じっと ⓑ のろのろ) しています。
② さっきから鼻水が出るので、鼻を (ⓐ 吐きました ⓑ かみました)。
③ 私の家からソウル市内が (ⓐ 見上げます ⓑ 見下ろせます)。
④ みんなで手を (ⓐ つないで ⓑ つかんで) 歩きましょう。
⑤ 子供たちが色紙を (ⓐ たたんで ⓑ 折って) 遊んでいます。

2 괄호 안에 들어갈 어휘를 a·b·c·d·e 중에서 선택하세요.

1

① 一生懸命に運動をして (　　　) を流しました。
② 地震が起きたら机の下に (　　　) を隠してください。
③ 家に帰ろうとしたら、彼が (　　　) をつかみました。

④ カバンを (　　　　) にはさんで歩いている人が山田さんです。

> ⓐ 脇　ⓑ 身　ⓒ 手首　ⓓ 顔　ⓔ 汗

2

① 段がありますから (　　　　) に気を付けてください。
② 大きく (　　　　) をはいて、気持ちを落ち着かせましょう。
③ ゆっくりとボタンに (　　　　) を近づけます。
④ 宿題をわすれて、先生に (　　　　) をたたかれました。

> ⓐ 頭　ⓑ 足元　ⓒ 息　ⓓ 指　ⓔ 握手

정답

1 ①a ②b ③b ④a ⑤b
2 **1** ①e ②b ③c ④a　**2** ①b ②c ③d ④a

Day 9 몸 상태/증상

📱 팟캐스트에서 저자의 강의를 들으며 책을 보세요.

☐ お腹がすく	배가 고프다
☐ 腹が減る	배가 고프다
☐ 汗をかく	땀이 나다
☐ 背中がかゆい	등이 가렵다
☐ ほお(ほほ)が赤くなる	볼이 빨개지다
☐ 心臓がどきどきする	심장이 두근두근거리다
☐ 腰が曲がる	허리가 굽다
☐ 足が臭い	발 냄새가 나다
☐ 力が抜ける	힘이 빠지다
☐ 身長が伸びる	키가 자라다
☐ 寒くて震える	추워서 떨리다
☐ めまいがする	현기증이 나다
☐ ひどい頭痛	심한 두통
☐ 食べたものを吐く	먹은 것을 토하다

- 咳が止まらない　　기침이 멈추지 않다
- 痛みをがまんする　　통증을 참다
- 虫歯で苦しむ　　충치로 괴로워하다
- 腕の骨が折れる　　팔 뼈가 부러지다
- 足を骨折する　　다리가 골절되다
- 全身に火傷をする　　전신에 화상을 입다
- ひざをけがする　　무릎을 다치다
- 食欲がない　　식욕이 없다
- 薬が効かない　　약이 잘 안 듣다
- 傷が治る　　상처가 낫다
- 症状がない　　증상이 없다
- のどが痛い　　목이 아프다
- 精神的なストレス　　정신적인 스트레스
- 胸が苦しい　　가슴이 답답하다
- 腕が痛む　　팔이 아프다
- 歯を抜く　　이를 뽑다
- くしゃみをする　　재채기를 하다

☐ 体が**不自由**だ	몸이 불편하다
☐ **体温**が**上**がる	체온이 오르다
☐ **熱**がある	열이 있다
☐ 病気が**悪化**する	병이 악화되다
☐ **体力**が**低下**する	체력이 저하되다

연습문제

1 알맞은 어휘에 체크하세요.

① 風邪のせいか、昨日から (ⓐ 咳が出ます ⓑ 体がかゆいです)。

② 熱いお湯で (ⓐ けが ⓑ やけど) をしました。

③ 痛みがひどくて、いくら薬を飲んでも (ⓐ 効きません ⓑ とれません)。

④ (ⓐ 傷がなおる ⓑ 汗をかく) まで、無理をしてはいけません。

⑤ 気分が悪くて、食べたものを全部 (ⓐ 吐きました ⓑ 吹きました)。

2 괄호 안에 들어갈 어휘를 a·b·c·d·e 중에서 선택하세요.

1

① 満員電車の中に長くいたら、(　　　) が苦しくなりました。
② 虫歯で (　　　) がひどくて、がまんできません。
③ 熱があって (　　　) が赤いです。
④ 朝から何も食べていなくて (　　　) がすきました。

> ⓐ 胸　ⓑ ほお　ⓒ 痛み　ⓓ 背中　ⓔ お腹

2

① 朝、食べすぎて、今は (　　　) がありません。
② 急に立ったら (　　　) がしました。
③ 階段で転んでしまって、ひざを (　　　) しました。
④ 大きい声を出しすぎて (　　　) が痛いです。

> ⓐ けが　ⓑ 症状　ⓒ のど　ⓓ めまい　ⓔ 食欲

정답

1 ①a ②b ③a ④a ⑤a
2 **1** ①a ②c ③b ④e　**2** ①e ②d ③a ④c

Day 10 건강/병원/생사

📱 팟캐스트에서 저자의 강의를 들으며 책을 보세요.

- **体重**が**増**える — 체중이 늘다
- **ダイエット中** — 다이어트 중
- **少**しも**食**べない — 조금도 먹지 않다
- **カロリー**が**高**い — 칼로리가 높다
- **ビタミン**が**足**りない — 비타민이 부족하다
- **栄養不足**になる — 영양부족이 되다
- **消化**しやすい — 소화하기 쉽다
- **体**に**毒**だ — 몸에 해롭다
- **ぐっすり寝**る — 푹 자다
- **十分**な**睡眠**をとる — 충분한 수면을 취하다
- **医療機関** — 의료기관
- **薬**の**働**き — 약의 효능
- **患者**を**診察**する — 환자를 진찰하다
- **医者**に**診**てもらう — 의사에게 진찰받다

□ 優しい看護婦	상냥한 간호사
□ 血液検査を受ける	혈액 검사를 받다
□ お尻に注射される	엉덩이에 주사를 맞다
□ 胃の手術を受ける	위 수술을 받다
□ 熱を冷ます	열을 식히다
□ 次第によくなる	점차 좋아지다
□ 体の具合が悪い	건강 상태가 나쁘다
□ 面会を求める	면회를 요청하다
□ お見舞いに行く	병문안을 가다
□ 命を助ける	목숨을 구하다
□ 寿命を延ばす	수명을 연장하다
□ 生命を失う	생명을 잃다
□ 病気で亡くなる	병으로 돌아가시다
□ 突然死ぬ	갑작스럽게 죽다
□ 永遠に眠る	영원히 잠들다
□ 天国に行く	천국에 가다

연습문제

1 알맞은 어휘에 체크하세요.

① 病院に行って医者に (ⓐ 診て ⓑ 診察を) もらいました。

② 今 (ⓐ ダイエット ⓑ ダイオット) 中ですから、甘いものは食べません。

③ 入院中の友達の (ⓐ お見舞い ⓑ 訪問) に行きました。

④ お酒を飲みすぎるのは (ⓐ 体に毒 ⓑ 栄養不足) ですよ。

⑤ 試験の前日は、十分な睡眠を (ⓐ 取った ⓑ 寝た) 方がいいですよ。

2 괄호 안에 들어갈 어휘를 a·b·c·d·e 중에서 선택하세요.

1

① 最近、食べ過ぎて (　　　　) が増えました。

② レモンは (　　　　) が豊富です。

③ (　　　　) が高いものばかり食べていると太りますよ。

④ 体の具合が悪くて、病院で(　　　　)を受けました。

- ⓐビタミン　ⓑ体重　ⓒカロリー　ⓓ診察　ⓔ患者

2

① がんかもしれないと言われて、(　　　　)を受けました。
②「この(　　　　)を飲んで、早くよくなってください」
③ 医学の発達で、(　　　　)が伸びました。
④ このごろ脂っこいものを食べると、(　　　　)がよくありません。

- ⓐ血液検査　ⓑ薬　ⓒ命　ⓓ消化　ⓔ寿命

정답

1 ①a ②a ③a ④a ⑤a
2 １①b ②a ③c ④d　２①a ②b ③e ④d

1 (　　) に入れるのに最もよいものを、a・b・c・d から一つえらびなさい。

① 「火事だ」と大声で (　　　　)。

　ⓐ 助けました　　　ⓑ 叫びました
　ⓒ 聞きました　　　ⓓ 吠えました

② 彼女はいつも (　　　　) 楽しそうに笑っています。

　ⓐ ぶつぶつ　ⓑ わくわく　ⓒ どきどき　ⓓ にこにこ

③ 手術のあと、(　　　　) 体調がよくなりました。

　ⓐ 次第に　ⓑ 偶然に　ⓒ たまたま　ⓓ 思ったほど

④ (　　　　) 男はどんな女性にも嫌われます。

　ⓐ まじめな　ⓑ しつこい　ⓒ 陽気な　ⓓ かっこいい

⑤ 風邪の (　　　　) がなくても、気を付けた方がいいですよ。

　ⓐ 病気　ⓑ めまい　ⓒ 症状　ⓓ かゆみ

⑥ 健康診断で、(　　　　) を受けました。

　ⓐ 血液検査　ⓑ 注射　ⓒ カロリー　ⓓ 薬

⑦ 仕事がうまくいかなくて、ストレスが(　　　)。

　　ⓐ 重なります　ⓑ たまります　ⓒ 豊かです　ⓓ できます

⑧ (　　　)のせいで、歯が痛みます。

　　ⓐ 前歯　ⓑ 骨折　ⓒ 奥歯　ⓓ 虫歯

2 説明に最も合う言葉を、a・b・c・d から一つえらびなさい。

① 病院に入院している人に会いに行く。

　　ⓐ お見舞い　ⓑ お通夜　ⓒ お葬式　ⓓ お墓参り

② 期待や不安、または緊張などで心臓がつよく打つようす。

　　ⓐ そわそわ　ⓑ どきどき　ⓒ はらはら　ⓓ こそこそ

③ 何もなかったように、やすらかな顔でいること。

　　ⓐ 平気な顔　ⓑ 笑い顔　ⓒ まじめな顔　ⓓ すてきな顔

④ 動きがにぶくて、ゆっくり歩くようす。

　　ⓐ のろのろ　ⓑ そろそろ　ⓒ するする　ⓓ どろどろ

3 ＿＿＿＿＿＿に最も意味が近いものを、a・b・c・dから一つえらびなさい。

① 足元に気を付けてくださいね。

　ⓐ 集中して　ⓑ 安心して　ⓒ 注意して　ⓓ つかんで

② 朝から何も食べてなくて、お腹がすいた。

　ⓐ 腹痛がした　　　　ⓑ 腹が減った
　ⓒ 汗をかいた　　　　ⓓ 腹が立った

③ 疲れていたので、昨日はぐっすり寝た。

　ⓐ 深く眠った　　　　ⓑ うとうとした
　ⓒ 浅く眠った　　　　ⓓ ふらふらした

④ 社会に出たばかりで、世間を知らない。

　ⓐ 礼儀　ⓑ 世の中　ⓒ しつけ　ⓓ あいさつの仕方

4 つぎのことばの使い方として最もよいものを、a・b・c・dから一つえらびなさい。

① めまい

　ⓐ 値段がとても高くて、めまいがしました。
　ⓑ 私は勉強が好きで、めまいがします。
　ⓒ 急に走ったら、めまいがしました。
　ⓓ 悲しい映画を見て、めまいがしました。

② のろのろ

　ⓐ のろのろと歩いて、なかなか前に進みません。

　ⓑ 誰でものろのろしていれば疲れます。

　ⓒ のろのろした動物は気持ちが悪いです。

　ⓓ 一日中のろのろとテレビを見ています。

③ 気がする

　ⓐ 彼は私のことが気がするらしい。

　ⓑ 今度こそ、うまくいきそうな気がする。

　ⓒ 気がするならなんでも聞いてください。

　ⓓ 気がする人と付き合ってみたらどうですか。

④ 文句を言う

　ⓐ 彼は私のしたことに、いちいち文句を言う。

　ⓑ 質問があったら、いつでも先生に文句を言うことにしています。

　ⓒ 恋人に文句を言うとよろこばれますよ。

　ⓓ 子供のころから文句を言う練習が必要です。

＊정답은 242쪽을 확인하세요.

Day 11 거리/마을
Day 12 위치/방향/이동
Day 13 대중교통
Day 14 운전
Day 15 사건/사고

3.주

Day 11 거리/마을

📱 팟캐스트에서 저자의 강의를 들으며 책을 보세요.

- □ にぎやかな街（まち）   번화한 거리
- □ 道路（どうろ）の並木（なみき）   도로의 가로수
- □ 活気（かっき）のある市場（いちば）   활기가 있는 시장
- □ 静（しず）かな住宅街（じゅうたくがい）   조용한 주택가
- □ 商店街（しょうてんがい）を歩（ある）く   상점가를 걷다
- □ 街（まち）をぶらぶら歩（ある）く   거리를 한가로이 거닐다
- □ 通行人（つうこうにん）が多（おお）い   통행인이 많다
- □ 人込（ひとご）みで混雑（こんざつ）する   인파로 혼잡하다
- □ 美容院（びよういん）で髪（かみ）を切（き）る   미용실에서 머리를 자르다
- □ 全国（ぜんこく）の書店（しょてん）で買（か）える   전국의 서점에서 살 수 있다
- □ 薬局（やっきょく）で薬（くすり）をもらう   약국에서 약을 타다
- □ 駅（えき）の売店（ばいてん）   역의 매점
- □ デパ地下（ちか）   백화점 지하
- □ サービスセンター   서비스 센터

- マンションに住む　　　　　　　　맨션(아파트)에 살다
- ベンチに座る　　　　　　　　　　벤치에 앉다
- 空地でサッカーをする　　　　　　공터에서 축구를 하다
- ボールが転がる　　　　　　　　　공이 굴러가다
- 自動販売機にお金を入れる　　　　자동판매기에 돈을 넣다
- ビルを建設する　　　　　　　　　빌딩을 건설하다
- 住宅を建築する　　　　　　　　　주택을 건축하다
- 工事の騒音　　　　　　　　　　　공사 소음
- 工事がストップする　　　　　　　공사가 중지되다
- 柱を立てる　　　　　　　　　　　기둥을 세우다
- 入り口を広げる　　　　　　　　　입구를 넓히다
- 非常口を開ける　　　　　　　　　비상구를 열다
- かわった地名　　　　　　　　　　특이한 지명
- 昔のまま　　　　　　　　　　　　옛날 그대로

1 알맞은 어휘에 체크하세요.

① 週末には明洞を (ⓐ そろそろ ⓑ ぶらぶら) 歩きました。

② デパートは人込みで (ⓐ 混雑して ⓑ 空いて) いました。

③ 工事の (ⓐ 騒音 ⓑ 雑音) が激しくて、勉強できません。

④ 目の前にボールが (ⓐ 転んで ⓑ 転がって) きました。

⑤ 市場はいつ来ても (ⓐ 活気 ⓑ 活発) があります。

2 괄호 안에 들어갈 어휘를 a·b·c·d·e 중에서 선택하세요.

1

① 私の家は郊外の静かな (   ) にあります。

② 天気のいい日は、公園の (   ) に座って本を読みます。

③ この辺りは人通りが激しくて、いつも (   ) しています。

④ 駅前の(　　　　)はとてもにぎやかです。

> ⓐ商店街　ⓑベンチ　ⓒ住宅街　ⓓ混雑　ⓔ人込み

2

① この辺りは変わった(　　　　)が多くて、郵便屋さんが困っています。
② (　　　　)は住むのには便利です。
③ この辺りは開発が進んでいて、ビルの(　　　　)がさかんです。
④ 工事の(　　　　)がひどくて、朝から本当にうるさいです。

> ⓐ建設　ⓑ地名　ⓒマンション　ⓓ騒音　ⓔ地下

정답

1 ①b ②a ③a ④b ⑤a
2 **1** ①c ②b ③d ④a **2** ①b ②c ③a ④d

Day 12 위치/방향/이동

📱 팟캐스트에서 저자의 강의를 들으며 책을 보세요.

☐ 川の底 (かわ そこ)	강 바닥
☐ 山の奥 (やま おく)	산 깊은 곳
☐ 布の表と裏 (ぬの おもて うら)	헝겊의 앞면과 뒷면
☐ お店の表と裏 (みせ おもて うら)	가게의 앞쪽과 뒤쪽
☐ 正面の入口 (しょうめん いりぐち)	정면 입구
☐ ページの中央 (ちゅうおう)	페이지의 중앙
☐ 町の中心 (まち ちゅうしん)	마을의 중심
☐ 眼鏡の縁 (めがね ふち)	안경 테두리(안경테)
☐ 道の端 (みち はし)	길의 가장자리
☐ 道路の両側 (どうろ りょうがわ)	도로 양쪽
☐ 池の周囲 (いけ しゅうい)	연못 주위
☐ デパートの周り (まわ)	백화점 주변
☐ 駅の周辺 (えき しゅうへん)	역 주변
☐ この辺り (あた)	이 부근

□ 位置を確認する	위치를 확인하다
□ 方向を示す	방향을 나타내다
□ 東に向ける	동쪽으로 돌리다
□ 右を向く	오른쪽을 향하다
□ 向かいの建物	맞은편 건물
□ 南向きのビル	남향 빌딩
□ 同じ方向に行く	같은 방향으로 가다
□ 上り線/下り線	상행선/하행선
□ 上下に動く	상하로 움직이다
□ 横断歩道を渡る	횡단보도를 건너다
□ 四つ角を左に曲がる	네거리를 왼쪽으로 돌다
□ 道路を横切る	도로를 가로지르다
□ 列を揃える	열을 맞추다

연습문제

1 알맞은 어휘에 체크하세요.

① 病院は、あの (ⓐ 四つ角　ⓑ 横断歩道) を右に曲がったところにありますよ。

② ボールがあたって、(ⓐ 眼鏡の端　ⓑ 眼鏡の縁) が折れてしまいました。

③ 列がまがっていますから、(ⓐ 揃えて　ⓑ 備えて) ください。

④ 駅の (ⓐ となり　ⓑ 周辺) はとてもにぎやかです。

⑤ 本の (ⓐ 表　ⓑ 裏) には題名が書いてあります。

2 괄호 안에 들어갈 어휘를 a·b·c·d·e 중에서 선택하세요.

1

① 彼女の手紙をカバンの (　　　) にしまいました。

② バイクが車の (　　　) にぶつかって、ふっ飛びました。

③ 駐車場は建物の前ではなくて、(　　　) にあります。

④ 駅の (　　　　) にはオフィス街があって、とてもにぎやかです。

> ⓐ正面　ⓑ裏　ⓒ周辺　ⓓ奥　ⓔ端

2

① 危ないですから必ず (　　　　) を渡ってください。

② どっちの (　　　　) に行ったらいいのかわかりません。

③ (　　　　) の部屋は日当たりがいいので、人気があります。

④ まっすぐ行って (　　　　) を右に曲がってください。

> ⓐ南向き　ⓑ横断歩道　ⓒ向かい　ⓓ方向　ⓔ四つ角

정답

1 ①a ②b ③a ④b ⑤a
2 **1** ①d ②a ③b ④c　**2** ①b ②d ③a ④e

Day 13 대중교통

📱 팟캐스트에서 저자의 강의를 들으며 책을 보세요.

☐ バス停でずっと待つ	버스 정류장에서 계속 기다리다
☐ 次の停留所で降りる	다음 정류장에서 내리다
☐ 車内アナウンスが出る	차내 안내방송이 나오다
☐ 席をゆずる	자리를 양보하다
☐ 終点に到着する	종점에 도착하다
☐ 深夜バスの時刻表	심야 버스 시간표
☐ 大通りでタクシーを拾う	큰길에서 택시를 잡다
☐ 列車のダイヤ	열차 운행표
☐ ダイヤが乱れる	운행 시간표가 뒤엉키다
☐ 線路を走る	선로를 달리다
☐ 高速鉄道	고속철도
☐ 東京の私鉄	도쿄의 민영철도
☐ 東京行きの電車	도쿄행 전철
☐ 直通列車	직통열차

☐	**各駅停車**	모든 역에 정차하는 열차
☐	**新幹線の運賃**	신칸센 운임
☐	**往復の切符**	왕복 티켓
☐	**片道乗車券**	편도 승차권
☐	**特急券**	특급권
☐	**定期券を買う**	정기 승차권을 사다
☐	**駅のホーム**	역의 플랫폼
☐	**満員電車**	만원 전철
☐	急いで**乗車**する	서둘러 승차하다
☐	**ぎりぎり**に電車に乗った	아슬아슬하게 전철을 탔다
☐	**指定席**に座る	지정석에 앉다
☐	電車が**発車**する	전철이 출발하다
☐	駅を**乗り越す**	(내려야 할) 역을 지나치다
☐	電車に**乗り遅れる**	전철을 놓치다
☐	**改札口**を出る	개찰구를 나오다
☐	飛行機の**乗客**	비행기 승객
☐	**飛行時間**	비행시간

- 窓側(通路側)の**座席**　　　창측(통로측) 좌석
- **定員オーバー**　　　정원 초과

1 알맞은 어휘에 체크하세요.

① お年寄りには席を (ⓐ 座り ⓑ ゆずり) ましょう。
② 約束の時間 (ⓐ ぎりぎりに ⓑ やすやすと) 着きました。
③ 外が見える (ⓐ 窓側 ⓑ 通路側) の席をお願いします。
④ 大雨のため、列車のダイヤが (ⓐ 混んで ⓑ 乱れて) います。
⑤ 新幹線に乗るためには乗車券の他に (ⓐ 特急券 ⓑ 定期券) が必要です。

2 괄호 안에 들어갈 어휘를 a·b·c·d·e 중에서 선택하세요.

1

①「バスの運転手さん、次の (　　　) で降りま

すから止めてください」
② 「深夜は（　　　　）じゃないと、タクシーひろえないよ」
③ 出勤時間の地下鉄はいつも（　　　）です。
④ 「間もなく、東京（　　　　）の列車がまいります」

> ⓐ満員　ⓑ大通り　ⓒ停留所　ⓓ私鉄　ⓔ行き

2

① もうすぐ発車しますから、急いで（　　　　）をしてください。
② 地下鉄の（　　　　）で待っています。
③ 飛行機を予約しようと思いましたが、（　　　）でできませんでした。
④ やっぱり通学には（　　　）があれば便利です。

> ⓐ改札口　ⓑ定員オーバー　ⓒ乗客　ⓓ定期券　ⓔ乗車

정답

1 ①ⓑ ②ⓐ ③ⓐ ④ⓑ ⑤ⓐ
2 ❶①ⓒ ②ⓑ ③ⓐ ④ⓔ ❷①ⓔ ②ⓐ ③ⓑ ④ⓓ

Day 14 운전

📱 팟캐스트에서 저자의 강의를 들으며 책을 보세요.

☐ 運転免許を取る	운전면허를 따다
☐ シートベルトをしめる	안전벨트를 매다
☐ 規則を守る	규칙을 지키다
☐ 左右をよく見る	좌우를 잘 살피다
☐ 信号で立ち止まる	신호에서 멈춰 서다
☐ 回り道をする	길을 돌아서 가다
☐ 遠回りして行く	멀리 돌아서 가다
☐ 寄り道をする	가는 길에 들르다
☐ 逆の方向に行く	반대 방향으로 가다
☐ 道が渋滞する	길이 정체되다
☐ 混雑を避ける	혼잡을 피하다
☐ 踏切を通過する	(철도) 건널목을 통과하다
☐ トンネルを抜ける	터널을 빠져나가다
☐ 消防車に道をゆずる	소방차에 길을 양보하다

☐ いきなり飛び出す	갑자기 뛰어나오다
☐ ブレーキを踏む	브레이크를 밟다
☐ 高速道路に入る	고속도로에 들어가다
☐ スピードを出す	속도를 내다
☐ 次々に追い越す	잇따라 추월하다
☐ 速度違反	속도위반
☐ 大阪を経由する	오사카를 경유하다
☐ 車庫に入れる	차고에 넣다
☐ 駐車禁止	주차금지
☐ 車の調子が悪い	차 상태가 나쁘다
☐ バイクに乗る	오토바이를 타다
☐ バイクに乗せる	오토바이에 태우다
☐ トラックに載せる	트럭에 싣다

연습문제

1 알맞은 어휘에 체크하세요.

① 人について来られないように (ⓐ 回り道 ⓑ 寄り道) をしましょう。

② お父さんがバイクに (ⓐ 乗って ⓑ 乗せて) くれました。

③ 高速道路で急ブレーキを (ⓐ 踏む ⓑ する) のは危険です。

④ 必ず交通規則を (ⓐ 従って ⓑ 守って) ください。

⑤ 今年、やっと運転免許を (ⓐ 取り ⓑ 受かり) ました。

2 괄호 안에 들어갈 어휘를 a·b·c·d·e 중에서 선택하세요.

1

① いつもの道は工事していたので、(　　　　) をして帰りました。

② 急いでいたので (　　　　) を出して走りました。

③ 週末はいつも道が (　　　　) します。

④ 田舎に帰るときは、いつも大阪を(　　　　)して行きます。

> ⓐスピード　ⓑ回り道　ⓒ上り路　ⓓ経由　ⓔ渋滞

2

① 私は(　　　　)するのが嫌いで、デパートのセールには行きません。
② 家に帰ったらかならず車を(　　　　)に入れます。
③ すごいスピードで列車が(　　　　)を通過しました。
④ 今日はいつもとは(　　　　)の方に向かっています。

> ⓐ混雑　ⓑ逆　ⓒ車庫　ⓓ遠回り　ⓔ踏切

정답

1 ①a ②b ③a ④b ⑤a
2 **1** ①b ②a ③e ④d　**2** ①a ②c ③e ④b

Day 15 사건/사고

📱 팟캐스트에서 저자의 강의를 들으며 책을 보세요.

□ 恐ろしい事件	무서운 사건
□ 様々な出来事	여러 가지 사건
□ お金を奪う	돈을 빼앗다
□ 悲劇が起こる	비극이 일어나다
□ 人を殺す	사람을 죽이다
□ 宝石を盗まれる	보석을 도둑맞다
□ 鋭いナイフ	날카로운 칼
□ 死亡者が多い	사망자가 많다
□ 深刻な状況	심각한 상황
□ ぶっそうな世の中	흉흉한 세상
□ あやしい男	수상한 남자
□ 人を疑う	사람을 의심하다
□ 犯人に間違いない	범인임이 틀림없다
□ いったい誰だ	도대체 누구야

☐ ただの通行人(つうこうにん)	그냥 지나가던 사람
☐ たまたま見(み)る	우연히 보다
☐ 現場(げんば)を調査(ちょうさ)する	현장을 조사하다
☐ 情報(じょうほう)が入(はい)る	정보가 들어오다
☐ 法律(ほうりつ)に基(もと)づく	법률에 근거하다
☐ 弁護士(べんごし)に依頼(いらい)する	변호사에게 의뢰하다
☐ 犯人(はんにん)を追(お)う	범인을 뒤쫓다
☐ 勇(いさ)ましい行動(こうどう)	용감한 행동
☐ 刑事(けいじ)に追(お)われる	형사에게 쫓기다
☐ 警察官(けいさつかん)に逮捕(たいほ)される	경찰관에게 체포되다
☐ 犯人(はんにん)が捕(つか)まった	범인이 잡혔다
☐ 迷子(まいご)をさがす	미아를 찾다
☐ 不幸中(ふこうちゅう)の幸(さいわ)い	불행 중 다행
☐ おかげで助(たす)かった	덕분에 살았다
☐ 大(おお)いに感謝(かんしゃ)する	크게 감사하다
☐ お礼(れい)を言(い)う	감사 인사를 하다
☐ 罪(つみ)を許(ゆる)す	죄를 용서하다

- 犯罪を防ぐ　　　　　　　　범죄를 막다
- 自殺を予防する　　　　　　자살을 예방하다
- 常に気を付ける　　　　　　항상 조심하다
- 必ずしも安全とは言えない　반드시 안전하다고는 할 수 없다

연습문제

1 알맞은 어휘에 체크하세요.

① 僕のケーキを黙って食べたのは (ⓐ いったい ⓑ ぜったい) 誰だ。

② 人を (ⓐ 疑う ⓑ 助ける) のは好きじゃないです。

③ 社長が代わるという (ⓐ 情報 ⓑ 話し) が入りました。

④ 交通事故で (ⓐ 犯人 ⓑ 死亡者) が増えました。

⑤ 鋭い (ⓐ ナイプ ⓑ ナイフ) を使わないと切れませんよ。

2 괄호 안에 들어갈 어휘를 a·b·c·d·e 중에서 선택하세요.

1

① 家に泥棒が入って、高価な（　　　　）が盗まれました。
② 刑事が来て、（　　　　）を調査して帰りました。
③ 状況から判断して、おまえが（　　　　）に間違いない。
④ 人は誰でも（　　　　）を犯す可能性があります。

> ⓐ 罪　ⓑ 現場　ⓒ 犯人　ⓓ 宝石　ⓔ 法律

2

① さっきから（　　　）男がこちらを見ています。
② いま、就職は（　　　）状況です。
③ 学生が先生に（　　　）質問をしました。
④ 殺人事件など、最近は（　　　）事件が多いです。

> ⓐ 深刻な　ⓑ あやしい　ⓒ いったい　ⓓ 鋭い　ⓔ 恐ろしい

정답

1 ①a ②a ③a ④b ⑤b
2 **1** ①d ②b ③c ④a　**2** ①b ②a ③d ④e

1 （　　）に入れるのに最もよいものを、a・b・c・dから一つえらびなさい。

① 車の（　　　　）ので、修理してもらいました。

ⓐ 調子が悪い　　　　ⓑ ガソリンが高い
ⓒ 値段が高い　　　　ⓓ 種類が多い

② どんなことがあっても、友達を（　　　　　）のはよくないです。

ⓐ ほめる　ⓑ 信じる　ⓒ 疑う　ⓓ だまされる

③「（　　　　）助かりました。ありがとうございます」

ⓐ おかげで　　　　　　ⓑ やっぱり
ⓒ あなたのおかげさまで　ⓓ あなたのせいで

④ この本は全国の（　　　　）で買えます。

ⓐ 薬局　ⓑ デパ地下　ⓒ 免税店　ⓓ 書店

⑤ （　　　　）のビルが高くて、日当たりが悪いです。

ⓐ 向かい　ⓑ 裏　ⓒ 奥　ⓓ 端

⑥ 台風についての新しい情報が（　　　　）ので、お伝えします。

　ⓐ 入りました　　　　ⓑ 入れました
　ⓒ もらいました　　　ⓓ 受けました

⑦ 長い時間待って、やっとタクシーを（　　　）。

　ⓐ 捕まえました　　　ⓑ 止まりました
　ⓒ 拾いました　　　　ⓓ やといました

⑧ 地下鉄で寝ていて、駅を（　　　　）しまいました。

　ⓐ 乗り換え　ⓑ 乗り越して　ⓒ 乗り継いで　ⓓ 乗り遅れて

2 説明に最も合う言葉を、a・b・c・d から一つえらびなさい。

① お店がずっとならんでいる道。

　ⓐ 並木道　ⓑ 商店街　ⓒ 街路地　ⓓ 住宅街

② 道に車がいっぱいで、混んでいるようす。

　ⓐ 渋滞　ⓑ 煩雑　ⓒ 複雑　ⓓ 混雑

③ 鉄道と道路が交差するところ。

　ⓐ 交差点　ⓑ 横断歩道　ⓒ 踏切　ⓓ 四つ角

④ 親と会えないで、自分がどこにいるのかわからなくなった子。

　ⓐ 捨て子　ⓑ 迷子　ⓒ 家出した子　ⓓ 孤児

3 ＿＿＿＿＿に最も意味が近いものを、a・b・c・dから一つえらびなさい。

① 細い道から子どもが<u>急に</u>飛び出してきた。

　ⓐ あわてて　ⓑ のろのろ　ⓒ いきなり　ⓓ たまたま

② 最近、本当に<u>ぶっそうな</u>世の中になりました。

　ⓐ 幸せな　ⓑ 便利な　ⓒ スピーディーな　ⓓ 危険な

③ 友達が来るまで<u>ずっと</u>待っています。

　ⓐ いつまでも　ⓑ 少しだけ　ⓒ しばらく　ⓓ けっして

④ 名古屋には大阪を<u>経由して</u>行きます。

　ⓐ 除いて　ⓑ 通って　ⓒ 飛んで　ⓓ はずして

4 つぎのことばの使い方として最もよいものを、a・b・c・d から一つえらびなさい。

① たまたま
   ⓐ うどんはたまたまおいしいです。
   ⓑ その角を右に曲がるとたまたま花屋があります。
   ⓒ たまたま勉強したところが試験に出て、ラッキーでした。
   ⓓ 歩くとたまたま足が痛いです。

② 締める
   ⓐ 観光客の30パーセントを中国人が締めています。
   ⓑ 窓を締めて出かけました。
   ⓒ 車に乗ったら、シートベルトを締めてください。
   ⓓ ブレーキを締めて、スピードを落としました。

③ 防ぐ
   ⓐ 犯罪を防ぐのは簡単じゃありません。
   ⓑ 早く起きれば、欠席を防ぐことができます。
   ⓒ どんなに反対しても恋愛を防ぐことはできません。
   ⓓ 経済の成長を防ぐのは円高です。

④ あやしい
   ⓐ さっきから、あやしい男が後をついてきます。
   ⓑ あやしい人は皆から信頼されます。
   ⓒ 子供たちにはあやしい本がおすすめです。
   ⓓ 私には英語より数学があやしいです。

*정답은 242쪽을 확인하세요.

Day 16 시간/일정
Day 17 숫자/단위/계산
Day 18 자연/환경
Day 19 날씨/일기예보
Day 20 동물/식물

Day 16 시간/일정

📱 팟캐스트에서 저자의 강의를 들으며 책을 보세요.

☐ 正午を指す	정오를 가리키다
☐ およそ10分程度	대략 10분 정도
☐ 4月の上旬	4월 상순
☐ 来月の中旬	다음 달 중순
☐ 今月の下旬	이번 달 하순
☐ 年が明ける	새해가 밝다
☐ 長い年月	오랜 세월
☐ 年月の流れ	세월의 흐름
☐ 新しい世紀	새로운 세기
☐ 暗い過去	어두운 과거
☐ 明るい未来	밝은 미래
☐ 現在に至る	현재에 이르다
☐ 時間が経つ	시간이 지나다
☐ 結婚して以来	결혼한 이래

☐ 帰った**直後**	돌아온 직후
☐ その**瞬間**	그 순간
☐ 子供の**頃**／10時**頃**	어린 시절／10시 무렵
☐ しばらく**休**む	잠시 쉬다
☐ あっという**間**に**終**わる	눈 깜짝할 사이에 끝나다
☐ **週末の予定**	주말 일정
☐ **長**い**連休**	긴 연휴
☐ **国民の祝日**	국경일
☐ **平日**に**休**む	평일에 쉬다
☐ **休日**に**出勤**する	휴일에 출근하다
☐ **先日の約束**	요전의 약속
☐ うっかり**忘**れる	깜빡 잊다
☐ **記念**日	기념일
☐ **年末**は**忙**しい	연말은 바쁘다
☐ **年中無休**	연중무휴
☐ **年間計画**	연간 계획
☐ **時期**が**早**い	시기가 이르다

☐ できるだけ早く	가능한 한 빨리
☐ すでに終わった	이미 끝났다
☐ 時間を変更する	시간을 변경하다
☐ 用事を済ませる	용무를 마치다
☐ サービスを申し込む	서비스를 신청하다
☐ 行事が重なる	행사가 겹치다

연습문제

1 알맞은 어휘에 체크하세요.

① 年が(ⓐ 明けて ⓑ 開けて)、2017年になりました。
② 3年前に会社に就職して、現在に (ⓐ なっています ⓑ 至っています)。
③ 仕事が (ⓐ 重なって ⓑ 終えて)、行けませんでした。
④ 就職して (ⓐ 以来 ⓑ 次第)、まだ一度も休みを取っていません。
⑤ 友達と約束があったことを (ⓐ すっかり ⓑ はっきり) 忘れていました。

2 괄호 안에 들어갈 어휘를 a·b·c·d·e 중에서 선택하세요.

1

① 大学を卒業してから、長い（　　　）が過ぎました。
② 彼には離婚という暗い（　　　）があります。
③ （　　　）宿題を忘れてしまいました。
④ サービス業なので、（　　　）はいつも忙しいです。

> ⓐ 過去　ⓑ うっかり　ⓒ 年月　ⓓ 週末　ⓔ 未来

2

① 仕事がおわったら（　　　）早く帰ってきてね。
② 体調が悪いので（　　　）会社を休みます。
③ 会社はここから車で（　　　）30分ほどです。
④ あんなにたくさんの料理を（　　　）食べてしまいました。

> ⓐ しばらく　ⓑ あっという間に　ⓒ きっと
> ⓓ できるだけ　ⓔ およそ

정답

1 ①a ②b ③a ④a ⑤a
2 **1** ①c ②a ③b ④d　**2** ①d ②a ③e ④b

Day 17 숫자/단위/계산

📱 팟캐스트에서 저자의 강의를 들으며 책을 보세요.

- ☐ 3**キロ**の<ruby>赤<rt>あか</rt></ruby>ちゃん — 3킬로그램인 아기
- ☐ 60**キロ**で<ruby>走<rt>はし</rt></ruby>る — 60킬로미터로 달리다
- ☐ <ruby>水<rt>みず</rt></ruby>を2**リットル**<ruby>飲<rt>の</rt></ruby>む — 물을 2리터 마시다
- ☐ 2<ruby>割<rt>わり</rt></ruby>は20**パーセント** — 2할은 20퍼센트
- ☐ 10<ruby>秒<rt>びょう</rt></ruby>を<ruby>数<rt>かぞ</rt></ruby>える — 10초를 세다
- ☐ <ruby>秒読<rt>びょうよ</rt></ruby>み — 초읽기
- ☐ <ruby>約<rt>やく</rt></ruby>1<ruby>万人<rt>まんにん</rt></ruby> — 약 1만 명
- ☐ 5<ruby>歳<rt>さい</rt></ruby><ruby>以上<rt>いじょう</rt></ruby> — 다섯 살 이상
- ☐ <ruby>高校生<rt>こうこうせい</rt></ruby><ruby>以下<rt>いか</rt></ruby> — 고등학생 이하
- ☐ 20代<ruby>前半<rt>ぜんはん</rt></ruby>/<ruby>後半<rt>こうはん</rt></ruby> — 20대 전반/후반
- ☐ <ruby>平均<rt>へいきん</rt></ruby>を<ruby>出<rt>だ</rt></ruby>す — 평균을 내다
- ☐ <ruby>合計<rt>ごうけい</rt></ruby>を<ruby>求<rt>もと</rt></ruby>める — 합계를 구하다
- ☐ <ruby>倍<rt>ばい</rt></ruby>になる — 배가 되다
- ☐ <ruby>距離<rt>きょり</rt></ruby>を<ruby>測<rt>はか</rt></ruby>る — 거리를 재다

☐ 計算をまちがえる	계산을 잘못하다
☐ 分数の計算	분수 계산
☐ 足し算と引き算	덧셈과 뺄셈
☐ 掛け算と割り算	곱셈과 나눗셈
☐ 数字に弱い	숫자에 약하다
☐ 量が増える	양이 늘다
☐ 量を増やす	양을 늘리다
☐ 量が増加する	양이 증가하다
☐ 体重が減る	체중이 줄다
☐ 体重を減らす	체중을 줄이다
☐ ずいぶん多い	상당히 많다
☐ 数が少ない	수가 적다
☐ 世界にたったひとつ	세상에 단 하나
☐ 主に学生が多い	주로 학생이 많다
☐ 大部分を占める	대부분을 차지하다
☐ 一部を除く	일부를 제외하다

연습문제

1 알맞은 어휘에 체크하세요.

① お金が必要で、仕事の量を (ⓐ 増やしました ⓑ 増えました)。

② うちの大学は女性が大部分を (ⓐ 占めています ⓑ 数えています)。

③ 1＋1を (ⓐ 足し算 ⓑ 掛け算) と言います。

④ のどが渇いて、水を (ⓐ 1リッター ⓑ 1リットル) 飲みました。

⑤ 今年は必ず体重を (ⓐ 減る ⓑ 減らす) つもりです。

2 괄호 안에 들어갈 어휘를 a・b・c・d・e 중에서 선택하세요.

1

① 私は (　　　　) に弱くて、それで数学が嫌いでした。

② 家から学校までの (　　　　) は約2キロです。

③ 結婚する男性の (　　　　) 年齢はだいたい29歳です。

④ 日本での選挙権は18歳（　　　　）です。

> ⓐ 距離　ⓑ 増加　ⓒ 平均　ⓓ 以上　ⓔ 数字

2

① ロケット発射まで（　　　　）が始まりました。
② 3（　　）は30パーセントのことです。
③ 大切な（　　　　）を間違えて、おこられました。
④ （　　　　）を除いて、男性はみんな軍隊に行きます。

> ⓐ 割　ⓑ 計算　ⓒ 掛け算　ⓓ 一部　ⓔ 秒読み

정답

1 ①a ②a ③a ④b ⑤b
2 **1** ①e ②a ③c ④d　**2** ①e ②a ③b ④d

Day 18 자연/환경

📱 팟캐스트에서 저자의 강의를 들으며 책을 보세요.

☐ <ruby>朝日<rt>あさひ</rt></ruby>が<ruby>昇<rt>のぼ</rt></ruby>る	아침 해가 떠오르다
☐ <ruby>夕日<rt>ゆうひ</rt></ruby>が<ruby>沈<rt>しず</rt></ruby>む	저녁 해가 지다
☐ まぶしい<ruby>太陽<rt>たいよう</rt></ruby>	눈부신 태양
☐ <ruby>星<rt>ほし</rt></ruby>が<ruby>輝<rt>かがや</rt></ruby>く	별이 빛나다
☐ <ruby>月<rt>つき</rt></ruby>が<ruby>雲<rt>くも</rt></ruby>に<ruby>隠<rt>かく</rt></ruby>れる	달이 구름에 숨다
☐ オーロラが<ruby>出現<rt>しゅつげん</rt></ruby>する	오로라가 출현하다
☐ <ruby>砂漠<rt>さばく</rt></ruby>が<ruby>広<rt>ひろ</rt></ruby>がっている	사막이 펼쳐져 있다
☐ <ruby>大<rt>おお</rt></ruby>きい<ruby>岩<rt>いわ</rt></ruby>	커다란 바위
☐ <ruby>険<rt>けわ</rt></ruby>しい<ruby>山道<rt>やまみち</rt></ruby>	험준한 산길
☐ やわらかい<ruby>土<rt>つち</rt></ruby>	부드러운 흙
☐ <ruby>美<rt>うつく</rt></ruby>しい<ruby>谷<rt>たに</rt></ruby>	아름다운 계곡
☐ <ruby>波<rt>なみ</rt></ruby>が<ruby>高<rt>たか</rt></ruby>い	파도가 높다
☐ <ruby>大<rt>おお</rt></ruby>きい<ruby>湖<rt>みずうみ</rt></ruby>	커다란 호수
☐ <ruby>水<rt>みず</rt></ruby>が<ruby>凍<rt>こお</rt></ruby>る	물이 얼다

川が**合流**する	강이 합류하다
自然現象	자연현상
自然が**豊**かだ	자연이 풍부하다
自然に**囲**まれる	자연에 둘러싸이다
夜明けを**待**つ	날이 밝기를 기다리다
徐々に**明**るくなる	서서히 밝아지다
四季を**楽**しむ	사계절을 즐기다
アジア**大陸**	아시아 대륙
地球は**丸**い	지구는 둥글다
宇宙の**不思議**	우주의 불가사의
宇宙の**始**まり	우주의 기원
環境問題	환경문제
大気汚染	대기오염
温室効果	온실효과
酸素が**足**りない	산소가 부족하다
木が**燃**える	나무가 불타다
火災の**原因**	화재의 원인

- 煙が立つ　　　　　　　　　　연기가 나다
- 火の用心　　　　　　　　　　불조심
- 科学的に証明する　　　　　　과학적으로 증명하다

연습문제

1 알맞은 어휘에 체크하세요.

① 私は夕日が (ⓐ 沈む　ⓑ 登る) のを見ているのが大好きです。

② 大気汚染など、最近は (ⓐ 環境問題　ⓑ 教育問題) が深刻です。

③ 二人で (ⓐ 夜明け　ⓑ 朝日) までお酒を飲みました。

④ 朝、とても冷えて水が (ⓐ 凍りました　ⓑ 解けました)。

⑤ アフリカは自然が (ⓐ 豊かです　ⓑ 静かです)。

2 괄호 안에 들어갈 어휘를 a·b·c·d·e 중에서 선택하세요.

1

① 夜空に浮かぶきれいな (　　　　) が、雲に隠

れてしまいました。
② 雨が少なくて、世界で(　　　　)が広がっています。
③ 2本の川がここで(　　　　)しています。
④ 夏には美しい(　　　　)の近くでキャンプしましょう。

> ⓐ太陽　ⓑ月　ⓒ合流　ⓓ湖　ⓔ砂漠

2

① 遠くの山が火事なのか、(　　　　)が立っています。
② 科学が発達して、いつか(　　　　)に行ける日が来るかもしれません。
③ 世界には理解できない(　　　　)なことが多いです。
④ 高い山では(　　　　)が足りなくて、頭が痛くなります。

> ⓐ煙　ⓑ酸素　ⓒ不思議　ⓓ宇宙　ⓔ自然

정답

1 ①a ②a ③a ④a ⑤a
2 ①①b ②e ③c ④d　②①a ②d ③c ④b

Day 19 날씨/일기예보

📱 팟캐스트에서 저자의 강의를 들으며 책을 보세요.

☐ **熱帯気候**(ねったいきこう)	열대기후
☐ **温暖**(おんだん)な**地方**(ちほう)	온난한 지방
☐ **雷**(かみなり)が**鳴**(な)る	천둥이 울리다
☐ **夕立**(ゆうだち)が**降**(ふ)る	소나기가 내리다
☐ **台風**(たいふう)が**通**(とお)り**過**(す)ぎる	태풍이 지나가다
☐ **強力**(きょうりょく)な**嵐**(あらし)	강력한 폭풍
☐ すごい**勢**(いきお)い	엄청난 기세
☐ **安全**(あんぜん)な**所**(ところ)に**移動**(いどう)する	안전한 곳으로 이동하다
☐ **莫大**(ばくだい)な**被害**(ひがい)	막대한 피해
☐ **霧**(きり)が**深**(ふか)い	안개가 자욱하다
☐ **梅雨**(つゆ)が**始**(はじ)まる	장마가 시작되다
☐ **梅雨前線**(ばいうぜんせん)	장마전선
☐ **激**(はげ)しい**雨**(あめ)が**降**(ふ)る	심한 비가 내리다
☐ **風**(かぜ)が**強**(つよ)まる	바람이 강해지다

☐	**天気予報を見る**	일기예보를 보다
☐	**湿度が高い**	습도가 높다
☐	**最高気温**	최고기온
☐	**最低気温**	최저기온
☐	**日中は暖かい**	낮 동안은 따뜻하다
☐	**気温が下がる**	기온이 내려가다
☐	**蒸し暑い夜**	무더운 밤
☐	**一層暑くなる**	한층 더 더워지다
☐	**湿気をとる**	습기를 제거하다
☐	**冷房を強める**	냉방을 세게 하다
☐	**温度を下げる**	온도를 내리다
☐	**暖房をつける**	난방을 켜다
☐	**部屋が暖まる**	방이 따뜻해지다
☐	**部屋を暖める**	방을 데우다

 연습문제

1 알맞은 어휘에 체크하세요.

① 台風が近づいて、風が (ⓐ 強まっています ⓑ やんでいます)。

② 一度地震が起きると (ⓐ 莫大な ⓑ 重大な) 被害が出ます。

③ (ⓐ 霧が深い ⓑ 湿度が高い) 日は、運転に注意してください。

④ 部屋が (ⓐ 暖まる ⓑ 暖める) まで、ちょっと待ってください。

⑤ (ⓐ 蒸し暑い ⓑ 暖かい) 夜は、ぐっすり寝られません。

2 괄호 안에 들어갈 어휘를 a·b·c·d·e 중에서 선택하세요.

1

① 朝はちょっと寒いですが、(　　　　) は暖かいです。

② 夕方、急に (　　　　) が鳴って、びっくりしました。

③ 明日は (　　　　) なので、雨と風には十分に注意しなければなりません。

④ (　　　　) が終われば、待ちに待った夏になります。

ⓐ日中　ⓑ台風　ⓒ大雨　ⓓ梅雨　ⓔ雷

2

① 寒いので (　　　　) をつけましょう。
② 日本の夏は (　　　　) が高くて、蒸し暑いです。
③ 天気予報によると、明日から雨で (　　　　) が下がるそうです。
④ 台風のせいか、外はすごい (　　　　) で風が吹いています。

ⓐ暖房　ⓑ気温　ⓒ勢い　ⓓ強力　ⓔ湿度

정답

1 ①a ②a ③a ④a ⑤a
2 **1** ①a ②e ③b ④d　**2** ①a ②e ③b ④c

Day 20 동물/식물

팟캐스트에서 저자의 강의를 들으며 책을 보세요.

□ 虎にえさをやる	호랑이에게 먹이를 주다
□ 賢い猿	영리한 원숭이
□ 小さいねずみ	작은 쥐
□ 白いうさぎ	하얀 토끼
□ 黒い牛	검은 소
□ 馬に乗る	말을 타다
□ 鳥の巣	새 둥지
□ 羽を広げる	날개를 펼치다
□ ペットを飼う	애완동물을 기르다
□ 犬の散歩をする	개를 산책시키다
□ 猫の世話をする	고양이를 돌보다
□ かわいらしい子犬	사랑스러운 강아지
□ 人類の誕生	인류의 탄생
□ 芽が出る	싹이 돋다

☐ 根を下ろす	뿌리를 내리다
☐ 枝が伸びる	가지가 뻗다
☐ 花が咲き始める	꽃이 피기 시작하다
☐ 実がなる	열매가 열리다
☐ 草が枯れる	풀이 마르다
☐ 紅葉を楽しむ	단풍을 즐기다
☐ 桜の花が散る	벚꽃이 지다
☐ いい香り	좋은 향기
☐ 名のない花	이름 없는 꽃
☐ 野の花	들꽃
☐ 梅の実	매화 열매, 매실
☐ 松の木	소나무
☐ 大切に扱う	소중히 다루다
☐ 適切な環境	적절한 환경

연습문제

1 알맞은 어휘에 체크하세요.

① 猫の (ⓐ 世話をする ⓑ 世話になる) のは私の仕事です。

② 10年前にここに来て、根を (ⓐ 下ろしました ⓑ 下しました)。

③ ねずみ年の次は (ⓐ 牛 ⓑ うさぎ) 年です。

④ 私は小さいころから (ⓐ ベット ⓑ ペット) を飼っています。

⑤ 桜は花が咲いてから (ⓐ しぼむ ⓑ 散る) まで期間が短いです。

2 괄호 안에 들어갈 어휘를 a·b·c·d·e 중에서 선택하세요.

1

① 干支でいえば、ねずみ年の次は (　　　　) 年です。

② 秋になるとほとんどの木に (　　　　) がなります。

③ (　　　　) の誕生は、600万年～700万年くらい前です。

④ 春になると植物の(　　　　)が出ます。

> ⓐ実　ⓑ牛　ⓒ芽　ⓓ葉　ⓔ人類

2

① 秋には(　　　　)を楽しむ観光客がたくさん来ます。
② 日本人は誰でも(　　　　)の花が好きです。
③ 動物を飼うには(　　　　)な環境が必要です。
④ 私は毎朝、犬を(　　　　)させます。

> ⓐ名のない　ⓑさくら　ⓒ適切　ⓓ散歩　ⓔ紅葉

정답

1 ①a ②a ③a ④b ⑤b
2 **1** ①b ②a ③e ④c　**2** ①e ②b ③c ④d

1 (　　) に入れるのに最もよいものを、a・b・c・d から一つえらびなさい。

① 水をやらなかったので、花が (　　　　) しまいました。

ⓐ 死んで　ⓑ 枯れて　ⓒ 伸びて　ⓓ 折れて

② 今でも暑いですが、来週からは (　　　　) 暑くなるそうです。

ⓐ 続けて　ⓑ もう　ⓒ 一層　ⓓ それほど

③ 韓国は (　　　　) がはっきりしていて、季節ごとに美しい。

ⓐ 四季　ⓑ 四季節　ⓒ 時期　ⓓ 四期

④ このダイヤモンドは世界に (　　　　) 一つしかありません。

ⓐ ただ　ⓑ 全部で　ⓒ もっとも　ⓓ たった

⑤ 独立して仕事をするには、まだ (　　　　) と思います。

ⓐ 時期が早い　　　　ⓑ 時間がない
ⓒ 準備がない　　　　ⓓ 予定がない

⑥ 夜空に星が (　　　　) います。

　ⓐ 昇って　ⓑ 明るくて　ⓒ ぴかぴかして　ⓓ 輝いて

⑦ 鳥が羽を (　　　　) 飛んでいきます。

　ⓐ 広げて　ⓑ ただんで　ⓒ おろして　ⓓ 開いて

⑧ 海外旅行にしては荷物が (　　　　) 少ないですね。

　ⓐ ずいぶん　ⓑ なんでも　ⓒ どうして　ⓓ それども

2 説明に最も合う言葉を、a・b・c・d から一つえらびなさい。

① 火事などに注意するように呼びかける言葉。

　ⓐ 火の用心　ⓑ 火の撲滅　ⓒ 火の心配　ⓓ 火へ配慮

② 6月から7月にかけて雨の日が続くこと。

　ⓐ 長雨　ⓑ 梅雨　ⓒ 台風　ⓓ 嵐

③ 月の1日から10日までの間。

　ⓐ 上旬　ⓑ 中旬　ⓒ 下旬　ⓓ 月初め

④ 夏の午後から夕方にかけて激しく降る雨。

ⓐ 夕立　ⓑ 夕雨　ⓒ 夕焼け　ⓓ 豪雨

3 ＿＿＿＿＿に最も意味が近いものを、a・b・c・dから一つえらびなさい。

① 大学を卒業して、だいぶ時間が<u>経った</u>。

ⓐ 行った　ⓑ めぐった　ⓒ 飛んだ　ⓓ 経過した

② 試験が<u>あっという間に</u>終わってしまいました。

ⓐ すぐに　　　　　　ⓑ 寝ている間に
ⓒ 集中している間に　ⓓ すっかり

③ 用事を<u>済ませて</u>から、帰ります。

ⓐ 終えて　ⓑ 準備して　ⓒ 報告して　ⓓ 手伝って

④ 外が<u>徐々に</u>明るくなってきた。

ⓐ 急に　ⓑ 少しずつ　ⓒ 一気に　ⓓ もっと

4 つぎのことばの使い方として最もよいものを、a・b・c・dから一つえらびなさい。

① うっかり

ⓐ うっかりすると、あなたは日本人ですか。

ⓑ うっかりして、テレビを消すのを忘れていました。
ⓒ もう、うっかり秋になりましたね。
ⓓ 宿題はうっかりしたほうがいいですよ。

② 申し込む

ⓐ 友達にレポートを申し込みました。
ⓑ 日本の経済復興を申し込みました。
ⓒ 明日からがんばって勉強すると申し込みました。
ⓓ 彼女に結婚を申し込みました。

③ 扱う

ⓐ お友達からお金を扱っています。
ⓑ 壊れやすいので、丁寧に扱ってください。
ⓒ 外国の協力に扱っています。
ⓓ ホテルのロビーに扱ってください。

④ ずいぶん

ⓐ 風邪をひいている人がずいぶん多いです。
ⓑ 欠席している人はずいぶんいません。
ⓒ 物価がずいぶん高いのは当然です。
ⓓ この映画、ずいぶんおもしろくないですね。

*정답은 242쪽을 확인하세요.

Day 21 학교생활/친구
Day 22 공부/시험
Day 23 입시/대학생활
Day 24 만남/연애/이별
Day 25 인간관계/모임

Day 21 학교생활/친구

📱 팟캐스트에서 저자의 강의를 들으며 책을 보세요.

☐ バスで通学(つうがく)する	버스로 통학하다
☐ さっさと行(い)きなさい	빨리빨리 가렴
☐ 学校(がっこう)に遅刻(ちこく)する	학교에 지각하다
☐ 正門(せいもん)で待(ま)つ	정문에서 기다리다
☐ 迎(むか)えに行(い)く	마중하러 가다
☐ 風邪(かぜ)で欠席(けっせき)する	감기로 결석하다
☐ 学校(がっこう)をサボる	학교를 땡땡이치다
☐ 退学(たいがく)させられる	퇴학당하다
☐ 出席(しゅっせき)を取(と)る	출석을 부르다
☐ 名前(なまえ)を聞(き)き直(なお)す	이름을 되묻다
☐ 授業中(じゅぎょうちゅう)に居眠(いねむ)りする	수업 중에 졸다
☐ 黒板(こくばん)がよく見(み)えない	칠판이 잘 안 보인다
☐ 教室(きょうしつ)がしんとなる	교실이 조용해지다
☐ 感想文(かんそうぶん)を書(か)く	감상문을 쓰다

筆で書く	붓으로 쓰다
文房具を買う	문구류를 사다
2学期の時間割	2학기 시간표
クラスを分ける	반을 나누다
クラスメートが多い	반 친구가 많다
学校の決まり	학교 규칙, 교칙
集団生活	집단생활
自分の役割	자신의 역할
給食を食べる	급식을 먹다
体育大会	체육대회
作品を展示する	작품을 전시하다
卒業アルバム	졸업 앨범
遠足に行く	소풍을 가다
弁当を食べる	도시락을 먹다
生徒を呼び出す	학생을 불러내다
学校を代表する	학교를 대표하다
先輩になった	선배가 되었다

□ 先輩(せんぱい)に聞(き)く	선배에게 묻다
□ 後輩(こうはい)が入(はい)る	후배가 들어오다
□ 後輩(こうはい)を指導(しどう)する	후배를 지도하다
□ 友人(ゆうじん)に相談(そうだん)する	친구에게 상담하다
□ 親友(しんゆう)とけんかする	친한 친구와 싸우다
□ 高校(こうこう)時代(じだい)の仲間(なかま)	고등학생 시절의 친구들
□ 冗談(じょうだん)を言(い)う	농담을 하다
□ 中学(ちゅうがく)時代(じだい)	중학생 시절

 연습문제

1 알맞은 어휘에 체크하세요.

① 友達(ともだち)はいつも冗談(じょうだん)を (ⓐ して ⓑ 言って) みんなを笑(わら)わせます。
② 遊(あそ)んでいないで、(ⓐ さっさと ⓑ ぶらぶらと) 学校(がっこう)に行(い)きなさい。
③ 授業(じゅぎょう)を始(はじ)める前(まえ)に、先生(せんせい)が出席(しゅっせき)を (ⓐ 取(と)りました ⓑ 呼(よ)びました)。
④ 2学期(がっき)の (ⓐ 時間割(じかんわり) ⓑ 時間表(じかんひょう)) が発表(はっぴょう)になりました。

⑤ 授業がつまらなくて、(ⓐ居眠り ⓑ寝坊)している学生が多いです。

2 괄호 안에 들어갈 어휘를 a・b・c・d・e 중에서 선택하세요.

1

① 本の (　　　) を書くのが夏休みの宿題でした。
② 昨日、風邪で学校を (　　　) しました。
③ 私は毎朝、地下鉄で (　　　) しています。
④ バスが予定より遅れて、学校に (　　　) してしまいました。

> ⓐ感想文　ⓑ遅刻　ⓒ欠席　ⓓ退学　ⓔ通学

2

① 今日は友達を駅に (　　　) に行きます。
② 「(　　　) を取ってから家に帰ってください」
③ お昼は学校で (　　　) が出ますから、弁当は必要ありません。
④ 「卒業 (　　　) の写真を撮りますから、こちらに来てください」

> ⓐ給食　ⓑ迎え　ⓒアルバム　ⓓ出席　ⓔきまり

정답

1 ①b ②a ③a ④a ⑤a
2 **1** ①a ②c ③e ④b　**2** ①b ②d ③a ④c

Day 22 공부/시험

📱 팟캐스트에서 저자의 강의를 들으며 책을 보세요.

☐ 得意な科目	잘하는 과목
☐ 苦手な科目	서툰 과목
☐ 理科の授業がある	과학 수업이 있다
☐ 物理は難しい	물리는 어렵다
☐ 化学はおもしろい	화학은 재미있다
☐ 生き物を観察する	생물을 관찰하다
☐ 外国語を学習する	외국어를 학습하다
☐ 語学を学ぶ	어학을 배우다
☐ 単語を暗記する	단어를 암기하다
☐ たいてい知っている	대부분 알고 있다
☐ 正確な発音	정확한 발음
☐ 国語文法	국어문법
☐ 電子辞書を使う	전자사전을 사용하다
☐ 教科書を参考する	교과서를 참고하다

□ 徹夜で勉強する	밤샘하여 공부하다
□ 図書館で自習する	도서관에서 자습하다
□ 塾に通う	학원에 다니다
□ 勉強に熱中する	공부에 열중하다
□ 勉強を嫌がる	공부를 싫어하다
□ 正しく理解する	올바르게 이해하다
□ 宿題を終える	숙제를 끝내다
□ インクが出ない	잉크가 안 나오다
□ 初級クラス	초급반
□ 中級英会話	중급 영어회화
□ 上級者	상급자
□ スピーチ大会	스피치 대회
□ 中間テスト	중간고사
□ テスト範囲	시험 범위
□ 問題を解く	문제를 풀다
□ 大して難しくない	그다지 어렵지 않다
□ 限られた時間	제한된 시간

☐ 答えを見直す	답을 다시 보다
☐ 答えを合わせる	답을 맞춰 보다
☐ 答え合わせ	정답 맞추기
☐ 答案を見る	답안을 보다
☐ 満点をとる	만점을 받다
☐ 成績が追いつく	성적이 수준에 달하다
☐ 学力低下	학력 저하

연습문제

1 알맞은 어휘에 체크하세요.

① 小学校の頃、(ⓐ 上手な ⓑ 得意な) 科目は算数でした。

② 試験の前日は (ⓐ 徹夜で ⓑ 夜更しして) 勉強しました。

③ 歴史が好きで、歴史の勉強に (ⓐ 熱中して ⓑ 熱心に) いました。

④ 英語の単語を (ⓐ 暗記する ⓑ 記録する) のが苦手でした。

⑤ 中間試験のテスト (ⓐ 範囲 ⓑ 期間) はどこからどこまでですか。

2 괄호 안에 들어갈 어휘를 a·b·c·d·e 중에서 선택하세요.

1

① 子供のころ、苦手な（　　　　　）は数学でした。
②「すみません、テストの（　　　　　）を教えてください」
③ 答えは全て（　　　　　）用紙に書いてください。
④ 一生懸命に勉強しないと、（　　　　　）が低下します。

> ⓐ範囲　ⓑ学力　ⓒ問題　ⓓ答案　ⓔ科目

2

① 授業の後は、図書館で（　　　　　）します。
②「授業なのに（　　　　　）も持っていないんですか？」
③ 明日は試験なので（　　　　　）で勉強するつもりです。
④ 今日、買ったばかりのペンなのに（　　　　　）が出ません。

> ⓐ自習　ⓑ徹夜　ⓒインク　ⓓ語学　ⓔ教科書

정답

1 ①b ②a ③a ④a ⑤a
2 **1**①e ②a ③d ④b　**2**①a ②e ③b ④c

Day 23 입시/대학생활

팟캐스트에서 저자의 강의를 들으며 책을 보세요.

☐ **進学を希望する**	진학을 희망하다
☐ **国立大学に入学する**	국립대학에 입학하다
☐ **私立大学を受験する**	사립대학 입학시험을 치다
☐ **競争率が高い**	경쟁률이 높다
☐ **推薦状をもらう**	추천장을 받다
☐ **結果を発表する**	결과를 발표하다
☐ **試験に受かる**	시험에 합격하다
☐ **試験に落ちる**	시험에 떨어지다
☐ **合格の知らせ**	합격 통지
☐ **不合格にがっかりする**	불합격에 실망하다
☐ **学部を選ぶ**	학부를 선택하다
☐ **選択の幅**	선택의 폭
☐ **トップの大学**	최고의 대학
☐ **公立大学**	공립대학

□ 学問の自由	학문의 자유
□ 専門分野	전문 분야
□ 講義を聞く	강의를 듣다
□ 単位を取る	학점을 따다
□ 代理で出席する	대리로 출석하다
□ 奨学金をもらう	장학금을 받다
□ 哲学を専攻する	철학을 전공하다
□ 医学を学ぶ	의학을 배우다
□ 生物を研究する	생물을 연구하다
□ 短期留学	단기 유학
□ 専門的な知識	전문적인 지식
□ レポートを提出する	리포트를 제출하다
□ 試験をパスする	시험을 통과하다
□ 論文を書く	논문을 쓰다
□ 文献を調べる	문헌을 조사하다
□ 実験を実施する	실험을 실시하다
□ 一部を引用する	일부를 인용하다

☐ 夢が実現する		꿈이 실현되다
☐ 夢を諦める		꿈을 포기하다
☐ 女子大生		여대생
☐ 花の青春		꽃다운 청춘
☐ 現代の若者		현대의 젊은이
☐ 未来を想像する		미래를 상상하다

연습문제

1 알맞은 어휘에 체크하세요.

① ソウル大学は韓国で (ⓐ タップ ⓑ トップ) の大学です。

② 昔は医者になるのが夢でしたが、今は (ⓐ 諦めました ⓑ やめました)。

③ 試験に落ちてしまって、(ⓐ うっかりしました ⓑ がっかりしました)。

④ おかげさまで、今年、大学受験に (ⓐ 受かりました ⓑ 受けました)。

⑤ 一生懸命に勉強して (ⓐ 賞金 ⓑ 奨学金) をもらうつもりです。

2 괄호 안에 들어갈 어휘를 a·b·c·d·e 중에서 선택하세요.

1

① 大学に入学する前に（　　　）を決めなければなりません。

②「今週中に（　　　）を提出してください」

③ やっと運転免許の試験に（　　　）しました。

④ 今から思うと、大学時代が私の（　　　）でした。

> ⓐレポート　ⓑ青春　ⓒ若者　ⓓ学部　ⓔパス

2

① 私は日本への留学を（　　　）しています。

② 大学から電話で合格の（　　　）が来ました。

③ 友達が（　　　）で出席してくれました。

④ 大学を卒業すれば選択の（　　　）が広がります。

> ⓐ知らせ　ⓑ代理　ⓒ希望　ⓓ幅　ⓔ単位

정답

1　①b　②a　③b　④a　⑤b
2　**1**①d　②a　③e　④b　　**2**①c　②a　③b　④d

Day 24 만남/연애/이별

📱 팟캐스트에서 저자의 강의를 들으며 책을 보세요.

- ☐ 偶然の出会い　　　　　　　　　우연한 만남
- ☐ 出会った場所　　　　　　　　　만난 장소
- ☐ 関心を持つ　　　　　　　　　　관심을 갖다
- ☐ 共通点が多い　　　　　　　　　공통점이 많다
- ☐ 好みのタイプ　　　　　　　　　좋아하는 타입
- ☐ 理想の男性　　　　　　　　　　이상적인 남성
- ☐ 友達から恋人になる　　　　　　친구에서 연인이 되다
- ☐ 年上の女性と付き合う　　　　　연상의 여자와 사귀다
- ☐ 食事に誘う　　　　　　　　　　식사하자고 권유하다
- ☐ 映画館でデートする　　　　　　영화관에서 데이트하다
- ☐ 妻とドライブする　　　　　　　아내와 드라이브하다
- ☐ ますます好きになる　　　　　　점점 더 좋아지다
- ☐ 愛情を深める　　　　　　　　　애정을 깊게 하다
- ☐ 愛情を確かめる　　　　　　　　애정을 확인하다

□ 真剣(しんけん)な交際(こうさい)	진지한 교제
□ 恋(こい)に悩(なや)む	사랑에 고민하다
□ 愛(あい)が深(ふか)まる	사랑이 깊어지다
□ 三角関係(さんかくかんけい)	삼각관계
□ 元(もと)カノとばったり会(あ)う	전여친과 딱 마주치다
□ 誤解(ごかい)を招(まね)く	오해를 부르다
□ ちゃんと話(はな)す	제대로 이야기하다
□ 事情(じじょう)を説明(せつめい)する	사정을 설명하다
□ 本人(ほんにん)に聞(き)いてみる	본인에게 물어보다
□ 彼女(かのじょ)をふる	여자친구를 차다
□ 彼氏(かれし)にふられる	남자친구에게 차이다
□ 別(わか)れるのはつらい	헤어지는 것은 괴롭다
□ 結局別(けっきょくわか)れた	결국 헤어졌다
□ 失恋(しつれん)をのりこえる	실연을 극복하다
□ 再(ふたた)び付(つ)き合(あ)う	다시 사귀다
□ 以前(いぜん)に戻(もど)る	이전으로 돌아가다
□ 昔(むかし)の思(おも)い出(で)	옛 추억

연습문제

1 알맞은 어휘에 체크하세요.

① 友達を食事に (ⓐ 誘いました ⓑ 導きました)。
② 2年付き合った彼女に (ⓐ ふって ⓑ ふられて) しまいました。
③ 困難を乗り越えて愛が (ⓐ 深まりました ⓑ 深めました)。
④ 遅れてきたわけを (ⓐ ちゃんと ⓑ しっかり) 話してください。
⑤ 久しぶりにあった友達と、昔の (ⓐ 思い出 ⓑ 記憶) について語り合いました。

2 괄호 안에 들어갈 어휘를 a・b・c・d・e 중에서 선택하세요.

1

① 元彼と道で偶然に (　　　　) ました。
② 今、3歳 (　　　　) の彼女と付き合っています。
③ 好きだった彼女に (　　　　) しまいました。
④ 私は今、彼と彼の友達との間の (　　　　) で悩んでいます。

> ⓐ交際 ⓑ出会い ⓒふられて ⓓ三角関係 ⓔ年上

2

① 背が高くてハンサムな人が (　　　) のタイプです。

② いつも映画館で (　　　) をした後、食事をします。

③ 二人で努力しましたが、(　　　) 別れました。

④ 別れた後も、二人の (　　　) を大切にしたいです。

> ⓐデート ⓑ理想 ⓒ事情 ⓓ思い出 ⓔ結局

정답

1 ①a ②b ③a ④a ⑤a
2 ①①b ②e ③c ④d ②①b ②a ③e ④d

Day 25 인간관계/모임

📱 팟캐스트에서 저자의 강의를 들으며 책을 보세요.

☐ 人間関係	인간관계
☐ 自分自身	자기자신
☐ 目上の人 / 目下の人	윗사람/아랫사람
☐ 母の知り合い	엄마가 아는 사람
☐ 知人が多い	지인이 많다
☐ よく見かける人	자주 보는 사람
☐ 長い付き合い	오래 알고 지냄
☐ 他の人	다른 사람
☐ 親しい友	친한 벗
☐ ご家族の方々	가족 여러분
☐ 隣の者です	옆집 사람이에요
☐ 個人の差	개인차
☐ 一人ひとり違う	사람마다 다르다
☐ 地方出身	지방 출신

☐ **人種が違う**	인종이 다르다
☐ **仲がいい/悪い**	사이가 좋다/나쁘다
☐ **仲良し**	친한 사이
☐ **あんまり親しくない**	별로 친하지 않다
☐ **友情が深い**	우정이 깊다
☐ **仲直りする**	화해하다
☐ **迷惑をかける**	폐를 끼치다
☐ **頼みを断る**	부탁을 거절하다
☐ **ついに来なかった**	끝내 오지 않았다
☐ **うわさが広がる**	소문이 퍼지다
☐ **事実だと思い込む**	사실이라고 강하게 믿다
☐ **誰かに聞く**	누군가에게 묻다
☐ **直接言う**	직접 말하다
☐ **伝言を頼む**	전언을 부탁하다
☐ **秘密を守る**	비밀을 지키다
☐ **味方を裏切る**	아군을 배신하다
☐ **関係を改善する**	관계를 개선하다

☐	地域の集まり	지역 모임
☐	宗教団体	종교 단체
☐	リーダーになる	리더가 되다
☐	会員になる	회원이 되다
☐	グループに入る	그룹에 들어가다
☐	メンバーを集める	멤버를 모으다
☐	会合を持つ	회합을 갖다
☐	盛んな歓迎	성대한 환영
☐	宴会を開く	연회를 개최하다

 연습문제

1 알맞은 어휘에 체크하세요.

① (ⓐ 目上の人 ⓑ 頭上の人)には礼儀正しくしなければなりません。

② ケンカした友達と(ⓐ 仲直り ⓑ 仲作り)しました。

③ よく(ⓐ 見える ⓑ 見かける)人ですが、名前は知りません。

④ 私のせいで同僚に迷惑を(ⓐ させました ⓑ かけました)。

⑤ 若(わか)いのに、グループの (ⓐ リーダ ⓑ リーダー) になりました。

2 괄호 안에 들어갈 어휘를 a·b·c·d·e 중에서 선택하세요.

1

① 今日(きょう)、アパートの代表(だいひょう)が集(あつ)まって、(　　　　) を持(も)つ予定(よてい)です。
② 彼(かれ)とケンカしましたが、先(さき)に彼(かれ)が謝(あやま)ったので (　　　　) しました。
③ 彼女(かのじょ)は友達(ともだち)の (　　　　) で、私(わたし)とはあまり親(した)しくありません。
④ 彼(かれ)は昔(むかし)からの (　　　　) なので、頼(たの)みを断(ことわ)ることができません。

> ⓐ会員(かいいん)　ⓑ知(し)り合(あ)い　ⓒ仲直(なかなお)り　ⓓ会合(かいごう)　ⓔ親(した)しい友(とも)

2

① 二人(ふたり)は幼(おさな)い時(とき)から (　　　　) で、友情(ゆうじょう)が深(ふか)いです。
② 欠点(けってん)は (　　　　) ではなかなかわかりません。
③ (　　　　) 間(かん)の付(つ)き合(あ)いは良好(りょうこう)です。
④ 結婚(けっこん)が決(き)まった友達(ともだち)のために、(　　　　) を開(ひら)きました。

> ⓐ自分自身(じぶんじしん)　ⓑメンバー　ⓒリーダー　ⓓ宴会(えんかい)　ⓔ仲良(なかよ)し

정답

1 ①a ②a ③b ④b ⑤b
2 **1** ①d ②c ③b ④e　**2** ①e ②a ③b ④d

1 （　　）に入れるのに最もよいものを、a・b・c・d から一つえらびなさい。

① 勉強したくなくて、今日は学校を（　　　　）。

　ⓐ 遅刻しました　　　　ⓑ 早く行きました
　ⓒ サボりました　　　　ⓓ 通いました

② 難しい数学の問題をあっという間に（　　　　）しまいました。

　ⓐ 解いて　ⓑ 合わせて　ⓒ 答案して　ⓓ 終わって

③ 大学では経済を（　　　　）しました。

　ⓐ 専門　ⓑ 選考　ⓒ 専攻　ⓓ 先行

④ たくさんの文献を（　　　　）、レポートを書きました。

　ⓐ 見つけて　ⓑ 探して　ⓒ 選んで　ⓓ 調べて

⑤ 二人の秘密は必ず（　　　　）。

　ⓐ 守ります　ⓑ しゃべります　ⓒ 作ります　ⓓ 探します

⑥ 信じていた友達に（　　　　）。

　ⓐ 裏切りました　　　　ⓑ だましました
　ⓒ 裏切られました　　　ⓓ 頼まれました

⑦ ケータイを持って来ないのが学校の（　　　　）です。

ⓐ 決まり　ⓑ 法律　ⓒ 約束　ⓓ ルール

⑧ 日本に行くために、先生から（　　　　）をもらいました。

ⓐ 推薦書　ⓑ 依頼書　ⓒ 約束書　ⓓ 推薦状

2 説明に最も合う言葉を、a・b・c・d から一つえらびなさい。

① 学校の行事で、どこかに見学に行く。

ⓐ 運動会　ⓑ 学園祭　ⓒ 遠足　ⓓ 研修

② 間違っていないかどうか、もう一度みる。

ⓐ 見直す　ⓑ 見届ける　ⓒ 見つめる　ⓓ 見取る

③ 他の人の文章を、自己の作品のなかで紹介すること。

ⓐ 引用　ⓑ 利用　ⓒ 作用　ⓓ 内容

④ 異性と友達以上の関係になる。

ⓐ 落ち合う　ⓑ 出会う　ⓒ 付き合う　ⓓ 交わる

3 ＿＿＿＿＿＿に最も意味が近いものを、a・b・c・dから一つえらびなさい。

① 先生の一言で教室がしんとなった。

　ⓐ うるさくなった　　ⓑ 静かになった
　ⓒ 楽しくなった　　　ⓓ 悲しくなった

② 高校時代の仲間とは今も連絡を取っています。

　ⓐ 先輩　ⓑ 後輩　ⓒ 先生　ⓓ 友達

③ 道で元彼とばったり会いました。

　ⓐ 思いがけず　ⓑ 突然　ⓒ いきなり　ⓓ 久しぶりに

④ 芸能人のことならたいてい知っています。

　ⓐ 少し　ⓑ だいたい　ⓒ ぜんぜん　ⓓ すべて

4 つぎのことばの使い方として最もよいものを、a・b・c・dから一つえらびなさい。

① さっさと
　ⓐ さっさと学校に行きなさい。
　ⓑ 時間がないので、さっさと勉強しました。
　ⓒ 私は毎朝、さっさと起きます。
　ⓓ レポートはさっさと書くのがいいです。

② 専攻
- ⓐ 今は日本の歴史を専攻に勉強しています。
- ⓑ 将来は法律家を専攻したいです。
- ⓒ 大学で経済を専攻しています。
- ⓓ 早く就職に専攻したいです。

③ がっかり
- ⓐ 最近の学生はがっかりしています。
- ⓑ 友達とがっかり握手しました。
- ⓒ 若いときはがっかりしたほうがいいです。
- ⓓ 彼は試験に落ちて、がっかりしました。

④ 得意
- ⓐ どうするのが得意なのか考えています。
- ⓑ 先生はいつも得意な話をします。
- ⓒ 私は英語と数学が得意です。
- ⓓ 早く結婚するのが得意です。

*정답은 242쪽을 확인하세요.

Day 26 직업/여러 가지 일
Day 27 취업/직장 생활
Day 28 업무
Day 29 회의
Day 30 문제 상황/노력/해결

6. 주

Day 26 직업/여러 가지 일

📱 팟캐스트에서 저자의 강의를 들으며 책을 보세요.

□ 有能な教師	유능한 교사
□ 優秀な医師	우수한 의사
□ 若い教授	젊은 교수
□ 物理学者	물리학자
□ 人気の作家	인기 작가
□ 詩の名人	시의 명인
□ 詩人としての才能	시인으로서의 재능
□ 言語で表す	언어로 나타내다
□ 新聞記者	신문기자
□ 英語がぺらぺらだ	영어를 술술 말한다
□ 英文の記事	영문 기사
□ プロ選手	프로 선수
□ 注目される画家	주목받는 화가
□ 偉大な芸術家	위대한 예술가

- 雑誌に載る — 잡지에 실리다
- 優れた才能 — 뛰어난 재능
- 自分で作曲する — 스스로 작곡하다
- 録音をとる — 녹음을 하다
- 録音を再生する — 녹음을 재생하다
- 主婦になる — 주부가 되다
- 楽なアルバイト — 편한 아르바이트
- **ぴったりの職業** — 딱 맞는 직업

 연습문제

1 알맞은 어휘에 체크하세요.

① 彼女はアメリカに留学していたので、英語が(ⓐぺらぺら ⓑはらはら)です。
② 村上春樹は世界中で(ⓐ人気の ⓑ人気な)作家です。
③ 教師が私に(ⓐぴったり ⓑばったり)の職業です。
④ (ⓐ教授 ⓑ教授様)が授業に遅れてきました。
⑤ 私の書いた記事が初めて雑誌に(ⓐ乗りました ⓑ載りました)。

2 괄호 안에 들어갈 어휘를 a·b·c·d·e 중에서 선택하세요.

1

① この大学には優れた(　　　)を持つ学生がたくさんいます。
② 囲碁の(　　　)と碁を打てるのは、本当に光栄です。
③ どんな職業でも(　　　)な仕事はありません。

④ 会社では ( ) な人材を探しています。

- ⓐ 楽 ⓑ 才能 ⓒ 名人 ⓓ 芸術 ⓔ 優秀

2

① 村上春樹は世界的な ( ) です。
② 教師は私にぴったりの ( ) です。
③ 私は結婚した後、仕事をやめて ( ) になるつもりです。
④ もっと練習して ( ) になるのが夢です。

- ⓐ 職業 ⓑ 作家 ⓒ プロ選手 ⓓ 会社員 ⓔ 主婦

정답

1 ①a ②a ③a ④a ⑤b
2 ① ①b ②c ③a ④e ② ①b ②a ③e ④c

Day 27 취업/직장 생활

📱 팟캐스트에서 저자의 강의를 들으며 책을 보세요.

☐ 仕事に応募する	일에 응모(지원)하다
☐ 履歴書を出す	이력서를 내다
☐ 経験がない	경험이 없다
☐ 不安な日々	불안한 나날
☐ 面接に行く	면접을 보러 가다
☐ 面接で緊張する	면접에서 긴장하다
☐ はきはきと答える	시원스럽게 대답하다
☐ 彼女を雇う	그녀를 고용하다
☐ 新たな出発	새로운 출발
☐ 出版社に就職する	출판사에 취직하다
☐ 企業に入る	기업에 들어가다
☐ 週5日出勤	주 5일 출근
☐ 職場でのマナー	직장에서의 매너
☐ 入る前にノックする	들어가기 전에 노크하다

快適(かいてき)なオフィス	쾌적한 사무실
席(せき)を外(はず)す	자리를 비우다
経験(けいけん)を積(つ)む	경험을 쌓다
地位(ちい)を高(たか)める	지위를 높이다
職場(しょくば)の同僚(どうりょう)	직장 동료
上司(じょうし)に命令(めいれい)される	상사에게 명령받다
上司(じょうし)に報告(ほうこく)する	상사에게 보고하다
尊敬(そんけい)される上司(じょうし)	존경받는 상사
部下(ぶか)にアドバイスする	부하에게 조언하다
部下(ぶか)に指示(しじ)する	부하에게 지시하다
命令(めいれい)に従(したが)う	명령에 따르다
給料(きゅうりょう)が上(あ)がる	월급이 오르다
ボーナスをもらう	보너스를 받다
遅(おそ)くまで残業(ざんぎょう)する	늦게까지 야근하다
ご苦労様(くろうさま)です	고생하셨습니다
帰宅(きたく)が遅(おく)れる	귀가가 늦어지다
自転車(じてんしゃ)で通勤(つうきん)する	자전거로 통근하다

☐ **育児休業**	육아휴직
☐ **休暇**をとる	휴가를 얻다
☐ 少し**休憩**する	잠시 휴식하다
☐ 会社を**退職**する	회사를 퇴직하다
☐ 会社を**辞める**	회사를 그만두다
☐ 会社で**首になる**	회사에서 해고되다

연습문제

1 알맞은 어휘에 체크하세요.

① 就職のため、会社の面接 (ⓐ に行きました ⓑ を見ました)。

② 会社の (ⓐ オフィース ⓑ オフィス) はとても快適です。

③ トラブルがあって会社を (ⓐ 首にしました ⓑ 首になりました)。

④ 面接では、どんな質問にも (ⓐ どきどき ⓑ はきはき) と答えなければなりません。

⑤ いつも会社で夜遅くまで (ⓐ 残業 ⓑ 休業) しています。

2 괄호 안에 들어갈 어휘를 a·b·c·d·e 중에서 선택하세요.

1

① 「入社願書を出すとき、(　　　　) も必要ですか？」
② うちの会社では実績に応じて (　　　　) が上がります。
③ 部下の誰からも尊敬される (　　　　) になりたいです。
④ 会社の (　　　　) では、はきはき答えた方がいいですよ。

> ⓐ 履歴書　ⓑ 給料　ⓒ 面接　ⓓ 上司　ⓔ 応募

2

① 部屋に入る前には必ず (　　　　) してください。
② うちの会社では6ヶ月に一度、(　　　　) が出ます。
③ 部長は今年の3月で (　　　　) しました。
④ 会社で飲み会があって(　　　　) が遅れました。

> ⓐ ノック　ⓑ 帰宅　ⓒ 休暇　ⓓ ボーナス　ⓔ 退職

정답

1 ①a ②b ③b ④b ⑤a
2 ① ①a ②b ③d ④c　② ①a ②d ③e ④b

147

Day 28 업무

📱 팟캐스트에서 저자의 강의를 들으며 책을 보세요.

☐ 事務職に就く	사무직에 종사하다
☐ 締め切りが近づく	마감이 다가오다
☐ 真夜中まで働く	한밤중까지 일하다
☐ 本社で勤務する	본사에서 근무하다
☐ 作業を始める	작업을 시작하다
☐ 仕事を任せる	일을 맡기다
☐ 仕事を引き受ける	일을 맡다
☐ 仕事が済む	일이 끝나다
☐ 容易にできる	쉽게 할 수 있다
☐ 合同で行う	합동으로 실시하다
☐ チームを担当する	팀을 담당하다
☐ 係りを決める	담당을 정하다
☐ 責任を取る	책임을 지다
☐ 許可を得る	허가를 얻다

☐ **スケジュール**を**調整**する	스케줄을 조정하다
☐ **支店**を**出**す	지점을 내다
☐ **契約**の**条件**	계약 조건
☐ **有利**な**条件**	유리한 조건
☐ **条件**が**揃**う	조건이 갖추어지다
☐ **書類**に**サイン**する	서류에 사인하다
☐ **氏名**を**書**く	성명을 쓰다
☐ **日付**を**記入**する	날짜를 기입하다
☐ **問い合わせ**の**電話**	문의 전화
☐ **受話器**を**取**る	수화기를 들다
☐ **用件**を**言**う	용건을 말하다
☐ **話し中**です	통화 중입니다
☐ **正式**に**訪問**する	정식으로 방문하다
☐ **応接間**に**案内**する	응접실로 안내하다
☐ **少々**お**待**ちください	잠시만 기다리세요
☐ **名刺**を**交換**する	명함을 교환하다
☐ **今後**もよろしくお**願**いします	앞으로도 잘 부탁드립니다

□ **ミスをして悩む**	실수를 해서 고민하다
□ **以後、注意します**	이후로 주의하겠습니다
□ **チャンスを得る**	찬스를 얻다
□ **機会を失う**	기회를 잃다

연습문제

1 알맞은 어휘에 체크하세요.

① 契約が取れなかった責任を (ⓐ とって　ⓑ 果たして) 会社を辞めました。

② 新製品の (ⓐ 質問　ⓑ 問い合わせ) の電話がたくさんかかって来ました。

③ せっかくの機会を (ⓐ 得て　ⓑ 失って) 後悔しています。

④ 「お客様、こちらで (ⓐ 少々　ⓑ ずっと) お待ちください」

⑤ わが社に有利な条件が (ⓐ 揃って　ⓑ 並んで) います。

2 괄호 안에 들어갈 어휘를 a·b·c·d·e 중에서 선택하세요.

1

① 自信をもってやれば、何でも（　　　）できます。
② 予定が変更になったので、（　　　）を変更します。
③ 「部長、この書類に（　　　）をお願いします」
④ 「（　　　）がありましたら、何でもおっしゃってください」

> ⓐサイン ⓑ用件 ⓒ有利 ⓓスケジュール ⓔ容易に

2

① 今度の企画はB社と（　　　）で行う予定です。
② お客様が来たら、まず（　　　）に案内してください。
③ 明日、社長のお宅を正式に（　　　）する予定です。
④ 「ここに住所と（　　　）をお書きください」

> ⓐ応接間 ⓑ氏名 ⓒ訪問 ⓓ合同 ⓔ作業

정답

1 ①a ②b ③b ④a ⑤a
2 **1** ①e ②d ③a ④b **2** ①d ②a ③c ④b

Day 29 회의

📱 팟캐스트에서 저자의 강의를 들으며 책을 보세요.

☐ **内容**を**印刷**する	내용을 인쇄하다
☐ **アンケート**をとる	앙케이트를 실시하다
☐ **仕事**に**関する調査**	일에 관한 조사
☐ **重要**な**資料**	중요한 자료
☐ **コピー**を**取**る	복사를 하다
☐ **資料**を**配**る	자료를 나눠 주다
☐ **通訳**を**頼**む	통역을 부탁하다
☐ **英語**に**翻訳**する	영어로 번역하다
☐ **準備完了**	준비 완료
☐ **会議**を**進**める	회의를 진행하다
☐ みんなで**話**し**合**う	다 함께 논의하다
☐ **目標**を**立**てる	목표를 세우다
☐ **関連**が**深**い	관련이 깊다
☐ **年代別**に**見**る	연대별로 보다

メモを取る	메모를 하다
不可能な計画	불가능한 계획
意見を述べる	의견을 말하다
専門家の意見	전문가의 의견
一般的な意見	일반적인 의견
プラスに考える	긍정적으로 생각하다
意思を表す	의사를 나타내다
急に思いつく	갑자기 생각이 떠오르다
いい考え	좋은 생각
難しい提案	어려운 제안
重要性を強調する	중요성을 강조하다
例をあげる	예를 들다
納得が行く	납득이 가다
意見を無視する	의견을 무시하다
強く主張する	강하게 주장하다
要求を受け入れる	요구를 받아들이다
価値を認める	가치를 인정하다

☐ **とにかく**反対だ	어쨌든 반대다
☐ **もちろん**賛成だ	물론 찬성이다
☐ 結論を**出す**	결론을 내다
☐ 結果に**満足**する	결과에 만족하다
☐ 対策を**決定**する	대책을 결정하다
☐ 会議を**延期**する	회의를 연기하다

 연습문제

1 알맞은 어휘에 체크하세요.

① 「すみません、これ、10部(ⓐ コピー ⓑ コーヒー)を取ってください」

② 成功するためには目標を(ⓐ 成して ⓑ 立てて)するのが重要です。

③ いいアイデアが(ⓐ 思いつきました ⓑ 思い出しました)。

④ 今日、予定していた会議は来週に(ⓐ 延長 ⓑ 延期)されました。

⑤ 大切な内容はメモを(ⓐ とった ⓑ 書いた)方がいいですよ。

2 괄호 안에 들어갈 어휘를 a·b·c·d·e 중에서 선택하세요.

1

① 日本からお客さんが来るので、(　　　　) を頼みました。
② 事業を始める前に、(　　　　) の意見を聞いた方がいいですよ。
③ 会社では自分の (　　　　) をはっきり表しなさい。
④ 悪いことがあっても (　　　　) に考える人が成功します。

> ⓐ意思　ⓑプラス　ⓒ通訳　ⓓ翻訳　ⓔ専門家

2

① 準備が (　　　　) したら、始めましょう。
② 日本は昔、韓国と (　　　　) が深かったと言われています。
③ 政策を決める前に、(　　　　) を取ってみたらどうですか。
④ まだ途中なのに、(　　　　) を出すのは早いですよ。

> ⓐ完了　ⓑ関連　ⓒアンケート　ⓓ結論　ⓔ主張

정답

1　①a　②b　③a　④b　⑤a
2　**1**①c　②e　③a　④b　　**2**①a　②b　③c　④d

Day 30 문제 상황/노력/해결

📱 팟캐스트에서 저자의 강의를 들으며 책을 보세요.

☐ 厄介な問題	성가신 문제
☐ 典型的な問題	전형적인 문제
☐ 困難な問題	곤란한 문제
☐ 大したことじゃない	대단한 일은 아니다
☐ 事実を明らかにする	사실을 분명히 하다
☐ 表面に現れる	표면에 드러나다
☐ 当時の状況	당시의 상황
☐ 様子を見る	상황을 보다
☐ 状況がよくない	상황이 좋지 않다
☐ 厳しい現実	냉혹한 현실
☐ 混乱を招く	혼란을 초래하다
☐ 当たり前なこと	당연한 일
☐ 冷静な判断	냉정한 판단
☐ 明確な判断	명확한 판단

疑問を抱く	의문을 품다
予想が当たる	예상이 들어맞다
絶対だめだ	절대 안 된다
能力の限界	능력의 한계
もう駄目だ	이제 틀렸다
自分を責める	자신을 책망하다
申し訳ありません	죄송합니다
いい方法がある	좋은 방법이 있다
最後の手段	최후의 수단
欠点をカバーする	결점을 커버하다
誤りを直す	잘못을 고치다
可能性がある	가능성이 있다
実行に移す	실행에 옮기다
順調に進む	순조롭게 진행되다
互いに助け合う	서로 돕다
問題を解決する	문제를 해결하다
とうとう成功した	마침내 성공했다

☐ **目的を達する**　　　　　목적을 달성하다

☐ **努力の結果**　　　　　노력의 결과

 연습문제

1 알맞은 어휘에 체크하세요.

① 今まで頑張ってきましたが、もう (ⓐ駄目　ⓑすぐ) です。

② (ⓐとうとう　ⓑとおとお) 実験に成功しました。

③ 今回のプロジェクトは (ⓐ順調に　ⓑ単調に) 進んでいます。

④ 間違った情報のために、混乱を (ⓐ招きました　ⓑ見ました)。

⑤ 人は誰にでも (ⓐ欠点　ⓑ短点) があります。

2 괄호 안에 들어갈 어휘를 a·b·c·d·e 중에서 선택하세요.

1

① 少子化は解決 (　　　　) な問題です。

② 発表の前に(　　　　)がないか、もう一度確認してください。

③ この不景気の中、会社は今、厳しい(　　　　)にあります。

④ 二人が仲直りするいい(　　　　)があります。

> ⓐ手段　ⓑ誤り　ⓒ状況　ⓓ方法　ⓔ困難

2

① 考えているだけじゃなく、(　　　　)に移す必要があります。

② 実験が成功したのは、皆の(　　　　)の結果です。

③ 今回の事件について(　　　　)を抱いている人がたくさんいます。

④ こんなことであきらめては(　　　　)だめです。

> ⓐ努力　ⓑ絶対　ⓒ疑問　ⓓ判断　ⓔ実行

정답

1 ①a ②a ③a ④a ⑤a
2 **1** ①e ②b ③c ④d　**2** ①e ②a ③c ④b

1 (　　　) に入れるのに最もよいものを、a・b・c・d から一つえらびなさい。

① 疲れたのでちょっと (　　　) しましょう。

　ⓐ 休養　ⓑ 休憩　ⓒ 休息　ⓓ 休職

② 今年、大学を卒業して事務の仕事に (　　　)。

　ⓐ 付きました　　　　ⓑ 就きました
　ⓒ 働きました　　　　ⓓ 勤務しました

③ 予定より早く終わったので、(　　　) を調整しました。

　ⓐ スケージュール　　ⓑ スーケジュール
　ⓒ スケジュール　　　ⓓ スケジュルー

④ いくら頑張っても、(　　　) の限界があります。

　ⓐ 能力　ⓑ 努力　ⓒ 重力　ⓓ 性格

⑤ 今日は時間がないので (　　　) だけ簡単に話してください。

　ⓐ 用事　ⓑ 用件　ⓒ 事情　ⓓ 要求

⑥ 「お名前とご住所を（　　　　）ください」

　　ⓐ ご記入　ⓑ ご書き　ⓒ お記入　ⓓ ご教え

⑦ 会社では、自分の意見をはっきり（　　　　）ほうがいいです。

　　ⓐ 待った　ⓑ 示した　ⓒ 聞いた　ⓓ 述べた

⑧ 上司の命令には（　　　　）のが当然です。

　　ⓐ 聞く　ⓑ 従う　ⓒ 答える　ⓓ 無視する

2 説明に最も合う言葉を、a・b・c・dから一つえらびなさい。

① ある期限で打ち切って終わりにすること。

　　ⓐ 締め切り　ⓑ 相談　ⓒ 受け付け　ⓓ 取り扱い

② 自分を紹介するための職業，住所，氏名，電話番号などが書かれた紙。

　　ⓐ 入社カード　ⓑ 自己紹介　ⓒ 名刺　ⓓ 手帳

③ 会社に残って仕事をすること。

　　ⓐ 退職　ⓑ 残業　ⓒ 勤務　ⓓ 就職

④ 誰が考えてもそうだと思うこと。

   ⓐ 誤り ⓑ 適当 ⓒ 適度 ⓓ 手段

3 ＿＿＿＿＿＿ に最も意味が近いものを、a・b・c・d から一つえらびなさい。

① 残っていた仕事がやっと済んだ。

   ⓐ 始めた ⓑ 片付けた ⓒ 終わった ⓓ 整理した

② 人に迷惑をかけないようにしています。

   ⓐ 面倒 ⓑ 大変 ⓒ 危険 ⓓ 邪魔

③ 行くか行かないかは様子を見て決めます。

   ⓐ 格好 ⓑ 意見 ⓒ 状況 ⓓ 天候

④ 私はお客さんを案内する係りになりました。

   ⓐ 担当 ⓑ 部下 ⓒ 部署 ⓓ 手伝い

4 つぎのことばの使い方として最もよいものを、a・b・c・d から一つえらびなさい。

① ぺらぺら
   ⓐ 彼はいつも楽しそうにぺらぺら笑っています。
   ⓑ 日本にいたので、日本語はぺらぺらです。

ⓒ ぺらぺらした人は信用できません。
ⓓ 若い人はぺらぺらなほうが好かれます。

② 取る

ⓐ 宝くじで1億円を取りました。
ⓑ 公園で写真を取りました。
ⓒ 会社に入るために、面接を取りました。
ⓓ 今年、車の免許を取りました。

③ 納得

ⓐ 不正を見て納得してはいけません。
ⓑ そんな説明では納得が行きません。
ⓒ 先生に言われて納得になりました。
ⓓ やっと妻に納得されました。

④ 思いつく

ⓐ 子供のころのことが思いつきました。
ⓑ 突然、いい考えが思いつきました。
ⓒ 明日、休みだったことを思いつきました。
ⓓ ふと、恋人のことが思いつきました。

*정답은 242쪽을 확인하세요.

Day 31 사회
Day 32 산업
Day 33 우편/메일/컴퓨터
Day 34 가계/돈/은행
Day 35 접속사

Day 31 사회

📱 팟캐스트에서 저자의 강의를 들으며 책을 보세요.

☐ 田舎で過ごす	시골에서 보내다
☐ 故郷を去る	고향을 떠나다
☐ 土地を売る	토지를 팔다
☐ 都会で暮らす	도시에서 생활하다
☐ 都市計画	도시 계획
☐ 首都に集中する	수도에 집중되다
☐ 地域の特徴	지역의 특징
☐ 日本の首相	일본의 총리
☐ 大統領に会う	대통령을 만나다
☐ 県議会	현의회
☐ 国民の義務	국민의 의무
☐ 権利を主張する	권리를 주장하다
☐ 真面目な政治家	성실한 정치가
☐ 国会が開かれる	국회가 열리다

□ 国会を開く	국회를 열다
□ 選挙に参加する	선거에 참가하다
□ 候補者が演説する	후보자가 연설하다
□ 長々としゃべる	장황하게 얘기하다
□ 適切な表現	적절한 표현
□ 印象に残る	인상에 남다
□ 覚悟を決める	각오를 굳히다
□ かたい決心	굳은 결심
□ 不利な立場	불리한 입장
□ 信用を落とす	신용을 떨어뜨리다
□ 住民投票	주민 투표
□ 国家の力	국가의 힘
□ 余裕がある	여유가 있다
□ 物価が高くなる	물가가 높아지다
□ 景気が良くない	경기가 좋지 않다
□ 高齢者が増える	고령자가 늘다
□ 失業者が増える	실업자가 증가하다

- **政府に対する怒り** — 정부에 대한 분노
- **デモに加わる** — 데모에 가담하다
- **大騒ぎになる** — 큰 소동이 되다
- **国を支配する** — 나라를 지배하다
- **国を救う** — 나라를 구하다
- **平和を祈る** — 평화를 기원하다
- **願いを込める** — 소원을 담다

연습문제

1 알맞은 어휘에 체크하세요.

① 私は子供のころ田舎で (ⓐ 過ごしました ⓑ 送りました)。
② おばさん達が公園で長々と (ⓐ おしゃべり ⓑ 散歩) しています。
③ どんなことがあってもやめないと (ⓐ 決意 ⓑ 覚悟) を決めました。
④ 高校を卒業して都会で (ⓐ 生きました ⓑ 暮らしました)。
⑤ 彼女の笑顔が (ⓐ 印象で ⓑ 印象に) 残りました。

2 괄호 안에 들어갈 어휘를 a·b·c·d·e 중에서 선택하세요.

1

① 18歳の時、(　　　　) を出て、ソウルに来ました。
② もう二度とお酒を飲まないと (　　　　) をしました。
③ 政府のやりかたに反対して、(　　　　) に加わりました。
④ 最近、どんどん (　　　　) が悪くなっています。

> ⓐ故郷　ⓑデモ　ⓒ決心　ⓓ物価　ⓔ景気

2

① 税金を払うのは国民の (　　　　) です。
② 学生たちは学生としての (　　　　) を主張しました。
③ どんなに (　　　　) な立場にあっても、私は決してあきらめません。
④ 平和の (　　　　) を込めて、みんなで歌を歌いましょう。

> ⓐ義務　ⓑ不利　ⓒ願い　ⓓ権利　ⓔ有利

정답

1 ①a ②a ③b ④b ⑤b
2 **1**①a ②c ③b ④e　**2**①a ②d ③b ④c

Day 32 산업

📱 팟캐스트에서 저자의 강의를 들으며 책을 보세요.

□ 農業技術	농업 기술
□ 稲を植える	벼를 심다
□ 種をまく	씨를 뿌리다
□ 畑をたがやす	밭을 갈다
□ 作物を収穫する	작물을 수확하다
□ 農民が集まる	농민이 모이다
□ 農家を助ける	농가를 돕다
□ 工業が発達する	공업이 발달하다
□ 鉄を生産する	철을 생산하다
□ 金属の性質	금속의 성질
□ 技術の進歩	기술의 진보
□ エンジンが動く	엔진이 움직이다
□ 機械を動かす	기계를 움직이다
□ 機械を修理する	기계를 수리하다

- 部品を組み立てる 　　　　　부품을 조립하다
- 大量生産 　　　　　대량생산
- 外国に輸出する 　　　　　외국에 수출하다
- 石油を輸入する 　　　　　석유를 수입하다
- 石炭を燃やす 　　　　　석탄을 태우다
- 風の力で発電する 　　　　　바람의 힘으로 발전하다
- エネルギーを節約する 　　　　　에너지를 절약하다
- 資源の再利用 　　　　　자원의 재이용
- 産業の発展 　　　　　산업의 발전
- 新しい発明品 　　　　　새로운 발명품
- 機能を強化する 　　　　　기능을 강화하다
- 話題になる 　　　　　화제가 되다
- 影響を与える 　　　　　영향을 주다
- 間接的な効果 　　　　　간접적인 효과
- 価値を評価する 　　　　　가치를 평가하다

 **연습문제**

1 알맞은 어휘에 체크하세요.

① 昔は石炭を (ⓐ 燃えて ⓑ 燃やして) 部屋を温めました。
② (ⓐ エナジー ⓑ エネルギー) を節約する必要があります。
③ 春になると畑に種を (ⓐ まきます ⓑ かけます)。
④ 昔、韓国は日本に影響を (ⓐ あげました ⓑ 与えました)。
⑤ 誰でも機械を (ⓐ 動く ⓑ 動かす) ことができます。

2 괄호 안에 들어갈 어휘를 a·b·c·d·e 중에서 선택하세요.

1

① 秋は (　　　　) を収穫する季節です。
② 最近、若者の間で新しいダイエット方が (　　　　) になっています。
③ ボランティアで、田舎に行って (　　　　) を助けました。

④ 昔はストーブに石油の代わりに(　　　　)を入れて燃やしました。

- ⓐエンジン　ⓑ話題　ⓒ農家　ⓓ石炭　ⓔ作物

2

① 海外に(　　　　)する量を増やすのが今年の目標です。

② 私の仕事は商品の(　　　　)を評価することです。

③ この車は(　　　　)の性能がよくて、若者に人気があります。

④ わが国では、19世紀になって産業が(　　　　)しました。

- ⓐ輸出　ⓑ輸入　ⓒ価値　ⓓエンジン　ⓔ発展

정답

1 ①b ②b ③a ④b ⑤b
2 **1** ①e ②b ③c ④d **2** ①a ②c ③d ④e

Day 33 우편/메일/컴퓨터

📱 팟캐스트에서 저자의 강의를 들으며 책을 보세요.

□ 小包を送る	소포를 보내다
□ 郵便を出す	우편물을 부치다
□ 航空便で送る	항공편으로 보내다
□ 速達で送る	속달로 보내다
□ 郵便番号を探す	우편번호를 찾다
□ 送料が高い	배송료가 비싸다
□ 郵便物を配達する	짐을 배달하다
□ 書留を受け取る	등기를 수취하다
□ 年賀状が届く	연하장이 오다
□ クリスマスカード	크리스마스 카드
□ お手紙拝見いたしました	편지 잘 받아 보았습니다
□ 便りがない	소식이 없다
□ メールアドレス	메일 주소
□ 宛先を入力する	수신인을 입력하다

□ 下書きを保存する	초고를 저장하다
□ メールを書き直す	메일을 다시 쓰다
□ 内容を修正する	내용을 수정하다
□ メールを送信する	메일을 송신하다
□ メールを受信する	메일을 수신하다
□ 無線通信	무선통신
□ 携帯電話	휴대전화
□ 文字を入力する	글자를 입력하다
□ 画面を明るくする	화면을 밝게 하다
□ コードをつなぐ	코드를 연결하다
□ ボタンをクリックする	버튼을 클릭하다
□ データを保存する	데이터를 저장하다
□ ファイルを消す	파일을 지우다
□ ホームページを作る	홈페이지를 만들다
□ ウイルスが発見される	바이러스가 발견되다
□ パソコンが故障する	컴퓨터가 고장나다

연습문제

1 알맞은 어휘에 체크하세요.

① 急いでいるので、小包を (ⓐ 速達 ⓑ 配達) で送りました。
② 誤ってファイルを (ⓐ 壊して ⓑ 消して) しまいました。
③ コンピューターから (ⓐ バイラス ⓑ ウイルス) が発見されました。
④ 今まで調査した大量のデータを (ⓐ 保存 ⓑ 保証) しました。
⑤ 来週、提出予定のレポートの (ⓐ 下書き ⓑ 書き出し) をしました。

2 괄호 안에 들어갈 어휘를 a·b·c·d·e 중에서 선택하세요.

1

① 大切な書類なので (　　　　) で送ってください。
② 「すみません、(　　　　) を教えていただけますか」
③ 急いでいたので、商品のサンプルを (　　　　) で送りました。

④ レポートの内容を(　　　　)して、今日中に提出します。

> ⓐ送料　ⓑ書留　ⓒ修正　ⓓメールアドレス　ⓔ航空便

2

① 日本に行った友達から何の(　　　　)もありません。
② いつでもどこでも連絡が取れる(　　　　)は本当に便利です。
③ 日本語は(　　　　)を入力するのに不便です。
④ 内容を見たければ、サイトの住所を(　　　　)してください。

> ⓐ便り　ⓑ文字　ⓒ携帯電話　ⓓクリック　ⓔ送信

정답

1 ①a ②b ③b ④a ⑤a
2 **1** ①b ②d ③e ④c　**2** ①a ②c ③b ④d

Day 34 가계/돈/은행

📱 팟캐스트에서 저자의 강의를 들으며 책을 보세요.

☐ **大家**に**家賃**を**支払**う	집주인에게 집세를 지불하다
☐ **電気代**を**節約**する	전기세를 절약하다
☐ **消費税**を**上**げる	소비세를 올리다
☐ **一**カ月の**食費**	한 달의 식비
☐ **食事代**を**払**う	식사비를 내다
☐ **交通費**を**支給**する	교통비를 지급하다
☐ **入場料**が**高**い	입장료가 비싸다
☐ **授業料**が**上**がる	수업료가 오르다
☐ **学費**を**稼**ぐ	학비를 벌다
☐ **税金**がつく	세금이 붙다
☐ **生活費**に**困**る	생활비가 궁하다
☐ **借金**を**返**す	빚을 갚다
☐ **費用**がかかる	비용이 들다
☐ **代金**を**払**う	대금을 지불하다

☐ 使用料を請求する	사용료를 청구하다
☐ 無料で使える	무료로 사용할 수 있다
☐ 有料サービス	유료 서비스
☐ 相当な金額	상당한 금액
☐ 料金を比較する	요금을 비교하다
☐ お金を貯める	돈을 저축하다
☐ 収入を管理する	수입을 관리하다
☐ 株が上がる	주가가 오르다
☐ 財産を相続する	재산을 상속하다
☐ 財産がマイナスになる	재산이 마이너스가 되다
☐ 予算が超過する	예산이 초과되다
☐ 利益を得る	이익을 얻다
☐ 損をする	손해를 보다
☐ 貯金を引き出す	저금을 인출하다
☐ お金をおろす	돈을 찾다
☐ 口座に振り込む	계좌에 입금하다
☐ 外国に送金する	외국에 송금하다

□	円に両替する	엔으로 환전하다
□	千円札	천 엔짜리 지폐
□	現金が足りない	현금이 모자라다
□	硬貨に替える	동전으로 바꾸다
□	おつりをもらう	잔돈을 받다

연습문제

1 알맞은 어휘에 체크하세요.

① 学生時代は、アルバイトをして学費を (ⓐ稼ぎました ⓑもうけました)。

② このホテルでは、インターネットは (ⓐ無料 ⓑ無代) です。

③ 一か月分の新聞の (ⓐ代金 ⓑ費用) を払いました。

④ 毎月、少しずつお金を (ⓐ集めています ⓑ貯めています)。

⑤ 生活費が足りなくて、友達に (ⓐ節約 ⓑ借金) しました。

2 괄호 안에 들어갈 어휘를 a·b·c·d·e 중에서 선택하세요.

1

① 大学の(　　　)はどんどん高くなっています。
② 新しい事業を始めましたが、上手く行かず(　　　)をしました。
③ お金がなくて、(　　　)にも困っています。
④ 海外旅行をするには、相当な(　　　)がかかります。

> ⓐ授業料　ⓑ損　ⓒ入場料　ⓓ費用　ⓔ生活費

2

① 父が死んで、(　　　)をすべて相続しました。
② 投資をした会社が大きくなって(　　　)を得ました。
③ 保険にはいる時は、かならず(　　　)を比較してください。
④ 若いころから銀行にお金を(　　　)してきました。

> ⓐ利益　ⓑ料金　ⓒ貯金　ⓓ財産　ⓔ金額

정답

1 ①a ②a ③a ④b ⑤b
2 **1** ①a ②b ③e ④d　**2** ①d ②a ③b ④c

Day 35 접속사

📱 팟캐스트에서 저자의 강의를 들으며 책을 보세요.

- □ **いつまでも**一緒(いっしょ)にいたい 　　언제까지나 함께 있고 싶다

- □ **いつでも**構(かま)いません 　　언제든 상관 없습니다

- □ **いずれ**帰(かえ)ってくるだろう 　　언젠가 돌아올 것이다

- □ **そのうち**また伺(うかが)います 　　조만간 다시 찾아뵙겠습니다

- □ 全国(ぜんこく)で**一斉(いっせい)に**実施(じっし)する 　　전국에서 일제히 시행하다

- □ **ようやく**間(ま)に合(あ)った 　　간신히 제시간에 맞췄다

- □ **やっと**見(み)つけた 　　겨우 찾았다

- □ **ふと**思(おも)い出(だ)す 　　문득 생각나다

- □ ここに来(き)てから、**やがて**3年(ねん)になる
  여기에 온 지 머지 않아 3년이 된다

- □ 旅行(りょこう)に行(い)きたい。**だが**、お金(かね)がない
  여행을 가고 싶다. 하지만 돈이 없다

- □ 残念(ざんねん)**だけど**、勝(か)てなかった
  유감스럽지만 이기지 못했다

- □ 聞(き)いたことがある。**けれども**、覚(おぼ)えていない
  들은 적이 있다. 그렇지만 기억하지 못한다

- とても暑い。**それでも**出かける

  매우 덥다. 그런데도 외출하다

- 相手は子供だった。**ところが**負けてしまった

  상대는 아이였다. 그러나 지고 말았다

- わかりました。**ところで**これは何ですか？

  알겠습니다. 그런데 이건 뭐죠?

- 彼は頭がいい。**しかも**お金持ちだ

  그는 머리가 좋다. 게다가 부자다

- **できれば**今日中にお願いします

  가능하면 오늘 중으로 부탁드립니다

- **そのまま**動かないでください

  그대로 움직이지 마세요

- ボタンを押した。**すると**水が出た

  버튼을 눌렀다. 그러자 물이 나왔다

- **まさか**できるとは思わなかった

  설마 가능하리라고는 생각지 못했다

- 参加者は**せいぜい**10人ぐらいだ

  참가자는 고작 10명 정도다

연습문제

1 알맞은 어휘에 체크하세요.

① 子どものころのことを (ⓐ ふと ⓑ いずれ) 思い出しました。

② あなたと (ⓐ やがて ⓑ いつまでも) 一緒にいたい。

③ (ⓐ やはり ⓑ まさか) 私にできるとは思いませんでした。

④ パーティーの参加者は (ⓐ せいぜい ⓑ ようやく) 10人ぐらいだった。

⑤ 今度の調査は全国 (ⓐ 一気に ⓑ 一斉に) 行われます。

2 괄호 안에 들어갈 어휘를 a・b・c・d・e 중에서 선택하세요.

1

① 彼は日本人 (　　　　)、韓国語が上手です。

② お金を返すのは (　　　　) かまいません。

③ 1時間、説明を聞いて (　　　　) 理解できました。

④ 彼女はとても優しい。(　　　　) 美人です。

> ⓐいつでも ⓑところで ⓒだけど ⓓやっと ⓔしかも

2

① (　　　　) 一人で来るとは思いませんでした。
② あなたのことを (　　　　) 忘れません。
③ (　　　　) 1時間内に終わらせてください。
④ 今は理解できなくても (　　　　) わかる時が来るでしょう。

> ⓐしかも ⓑまさか ⓒできれば ⓓいつまでも ⓔいずれ

정답

1 ①a ②b ③b ④a ⑤b
2 **1** ①c ②a ③d ④e　**2** ①b ②d ③c ④e

1 (　　) に入れるのに最もよいものを、a・b・c・d から一つえらびなさい。

① 750円の本を買って1,000円払ったのに、200円しか (　　　　) をもらえませんでした。

 ⓐ 代金　ⓑ カード　ⓒ おつり　ⓓ 返金

② インターネットで料金を (　　　　)、安いのを買います。

 ⓐ もらって　ⓑ 使って　ⓒ 比較して　ⓓ 払って

③ 銀行でお金を (　　　　) してくれます。

 ⓐ 節約　ⓑ 借金　ⓒ 相談　ⓓ 両替

④ できないからといって、自分を (　　　　) のはよくありません。

 ⓐ 責める　ⓑ 甘える　ⓒ ほめる　ⓓ 誇る

⑤ お金が必要で、銀行でお金を (　　　　)。

 ⓐ おろしました　　ⓑ 預けました
 ⓒ 探しました　　　ⓓ 貯めました

⑥ すごい雨ですが、(　　　　) でかけます。

 ⓐ やっと　ⓑ それでも　ⓒ ようやく　ⓓ しかも

⑦ 今月分の家賃を (　　　　) に支払いました。

　ⓐ 大家　ⓑ 家主　ⓒ 社長　ⓓ 不動産

⑧ 外国にいる息子にお金を (　　　　) します。

　ⓐ 積み立て　ⓑ 割り引き　ⓒ 送金　ⓓ 貯金

2 説明に最も合う言葉を、a・b・c・d から一つえらびなさい。

① 品物を送るときに、かかる料金のこと。

　ⓐ 代金　ⓑ 送料　ⓒ 現金　ⓓ 送金

② 物を買おうとしてお金を払ったとき、もどってくるお金。

　ⓐ 支払い　ⓑ おつり　ⓒ 両替　ⓓ 硬貨

③ 仕事がなくて、働くことができない人。

　ⓐ 失業者　ⓑ 労働者　ⓒ 就職者　ⓓ 支配者

④ 新年に送られるはがきやカードを用いたあいさつ状。

　ⓐ 年賀状　ⓑ 絵はがき　ⓒ 書留　ⓓ クリスマスカード

3 _____ に最も意味が近いものを、a・b・c・d から一つえらびなさい。

① 去年に家を出た後、なんの<u>便り</u>もない。

　ⓐ 連絡　ⓑ 問題　ⓒ 被害　ⓓ 喜び

② すみませんが、ここに<u>宛先</u>を書いてください。

　ⓐ 行き先　ⓑ 荷送り人　ⓒ 送り先　ⓓ 届人

③ 女学生が家に帰らないで、長々と<u>しゃべって</u>います。

　ⓐ 勉強して　ⓑ 話して　ⓒ 遊んで　ⓓ 運動して

④ 田舎に帰ろうと、覚悟を<u>固めた</u>。

　ⓐ 決めた　ⓑ 諦めた　ⓒ やめた　ⓓ 待った

4 つぎのことばの使い方として最もよいものを、a・b・c・d から一つえらびなさい。

① 組み立てる

　ⓐ みんなで計画を<u>組み立て</u>ました。
　ⓑ 友達との信頼を<u>組み立て</u>ました。
　ⓒ 約束を<u>組み立て</u>て、出かけました。
　ⓓ 部品を<u>組み立て</u>て、完成させました。

② 過ごす

  ⓐ すごいスピードで車が過ごしました。

  ⓑ 昨日、お酒を飲み過ごしました。

  ⓒ 今年の夏は田舎で過ごしました。

  ⓓ 時間があっという間に過ごします。

③ 与える

  ⓐ 西洋の文化は日本に影響を与えました。

  ⓑ 姉は僕においしいケーキを与えました。

  ⓒ 恋人の誕生日にプレゼントを与えました。

  ⓓ 先輩がアルバイトを与えてあげました。

④ 保存

  ⓐ 宿題を保存して、後でまとめるつもりです。

  ⓑ 文化遺産は大切に保存する必要があります。

  ⓒ 動物を飼うなら、大切に保存しなければなりません。

  ⓓ お弁当は保存しないと、すぐ悪くなります。

＊정답은 242쪽을 확인하세요.

Day 36 요리
Day 37 음식/식사/외식
Day 38 쇼핑/장사
Day 39 패션
Day 40 색깔/모양

8주

Day 36 요리

📱 팟캐스트에서 저자의 강의를 들으며 책을 보세요.

☐ 新鮮な材料	신선한 재료
☐ 生き生きした魚	싱싱한 생선
☐ 天然材料	천연 재료
☐ 余りの材料	남은 재료
☐ 皮に栄養がある	껍질에 영양이 있다
☐ 生では食べられない	날것으로는 먹을 수 없다
☐ 包丁でにんじんを刻む	식칼로 당근을 잘게 썰다
☐ はさみで切る	가위로 자르다
☐ たまごを割る	달걀을 깨다
☐ まず、材料を炒める	우선 재료를 볶다
☐ 野菜をゆでる	채소를 데치다
☐ 肉を蒸す	고기를 찌다
☐ 豆を煮る	콩을 삶다
☐ 調味料を順番に入れる	조미료를 순서대로 넣다

☐ 砂糖を入れ過ぎる	설탕을 너무 넣다
☐ 塩と酢を混ぜる	소금과 식초를 섞다
☐ しょうゆに漬ける	간장에 담그다
☐ 最後にみそを加える	마지막에 된장을 넣다
☐ チーズをたっぷり乗せる	치즈를 듬뿍 얹다
☐ ソースをかける	소스를 뿌리다
☐ 油に気を付ける	기름을 조심하다
☐ 鍋にふたをする	냄비에 뚜껑을 덮다
☐ まな板を清潔に使う	도마를 청결히 사용하다
☐ 冷凍食品を温める	냉동식품을 데우다
☐ 料理が完成する	요리가 완성되다
☐ 料理が出来上がる	요리가 완성되다
☐ 自慢の料理	자신 있는 요리
☐ 料理が上達する	요리가 능숙해지다
☐ 料理を食卓に出す	요리를 식탁에 내놓다
☐ ご飯を盛る	밥을 담다
☐ 米に石が混ざる	쌀에 돌이 섞이다

- **食器を出す**　　　　　　　　식기를 꺼내다
- **腐る前に食べきる**　　　　썩기 전에 다 먹다

연습문제

1 알맞은 어휘에 체크하세요.

① この魚は (ⓐ生きでは ⓑ生では) 食べられません。
② 結婚して料理が (ⓐ上達 ⓑ上手) しました。
③ 私は焼いた卵より (ⓐゆでた ⓑ煮た) 卵の方が好きです。
④ 料理の最後にみそを (ⓐ加えます ⓑ乗せます)。
⑤ (ⓐ腐った ⓑ新鮮な) 物を食べると、食中毒になるかもしれません。

2 괄호 안에 들어갈 어휘를 a·b·c·d·e 중에서 선택하세요.

1

① この料理は妻の (　　　　) の料理で、とてもおいしいです。

② りんごは（　　　　）に一番栄養があります。
③ 今日の朝食は、夕食で使った材料の（　　　　）で作りました。
④ そんなに（　　　）を入れたら、甘すぎますよ。

> ⓐ 調味料　ⓑ 皮　ⓒ 自慢　ⓓ 余り　ⓔ 砂糖

2

① 十分に煮えるまで（　　　　）にふたをしてください。
② 材料を（　　　　）の上に置いて、切ってください。
③ 冷麺の麺は（　　　　）で切るのが便利です。
④ 「すみません、にんじんを（　　　　）で刻んでください」

> ⓐ 鍋　ⓑ まな板　ⓒ はさみ　ⓓ 包丁　ⓔ 食器

정답

1　①b　②a　③a　④a　⑤a
2　■①c　②b　③d　④e　②①a　②b　③c　④d

Day 37 음식/식사/외식

📱 팟캐스트에서 저자의 강의를 들으며 책을 보세요.

- □ **インスタント食^{しょくひん}品**   인스턴트 식품
- □ **ファーストフード**   패스트푸드
- □ **缶^{かん}コーヒー**   캔 커피
- □ **甘^{あま}いジュース**   달콤한 주스
- □ **やわらかい餅^{もち}**   부드러운 떡
- □ **冷^{つめ}たいアイスクリーム**   차가운 아이스크림
- □ **さまざまな料^{りょう}理^り**   다양한 요리
- □ **意^い外^{がい}においしい**   의외로 맛있다
- □ **味^{あじ}が濃^こい**   맛이 진하다
- □ **塩^{しお}辛^{から}い味^{あじ}**   짠 맛
- □ **さっぱりした味^{あじ}**   산뜻한 맛
- □ **昼^{ちゅうしょく}食をとる**   점심을 먹다
- □ **お昼^{ひる}を食^たべる**   점심밥을 먹다
- □ **ランチに行^いく**   점심 식사를 하러 가다

□ 飯を食う	밥을 먹다
□ ご飯にお湯を注ぐ	밥에 따뜻한 물을 붓다
□ ご飯を残す	밥을 남기다
□ 黙って食べる	말없이 먹다
□ 残りなく食べる	남김없이 먹다
□ 箸が使える	젓가락을 사용할 수 있다
□ 雰囲気がいい	분위기가 좋다
□ おすすめのメニュー	추천 메뉴
□ 上品に食べる	품위있게 먹다
□ スープが冷める	스프가 식다
□ デザートが出る	디저트가 나오다
□ ぜひ食べてみたい	꼭 먹어 보고 싶다
□ 皿を下げる	접시를 치우다
□ ビールを冷やす	맥주를 차게 하다
□ 酒を注ぐ	술을 따르다
□ ワイングラス	와인 잔
□ みんなで乾杯する	다 함께 건배하다

☐ 飲み過ぎる	과음하다
☐ たくさん飲んで酔っ払う	잔뜩 마시고 취하다
☐ 禁煙席	금연석
☐ ただで食べる	공짜로 먹다
☐ お会計お願いします	계산 부탁드립니다(직원)
☐ お勘定お願いします	계산 부탁드립니다(손님)

연습문제

1 알맞은 어휘에 체크하세요.

① 「悪いけど、ビールを (ⓐ 冷えて ⓑ 冷やして) おいてくれない?」

② 「おかずを (ⓐ 残っては ⓑ 残しては) だめですよ」

③ この料理、本当においしいよ。ぼくの (ⓐ おすすめ ⓑ 選び) です。

④ 東京は大阪に比べて料理の味が (ⓐ 深い ⓑ 濃い) です。

⑤ ご飯に熱い (ⓐ 水 ⓑ お湯) を注いで食べるとおいしいですよ。

2 괄호 안에 들어갈 어휘를 a·b·c·d·e 중에서 선택하세요.

1

① 日本では、お正月に(　　　)を食べます。

② (　　　)を食べ過ぎると、体に悪いです。

③ 勝利を祝して、皆で(　　　)しましょう。

④ ここは(　　　)ですから、タバコはあちらで吸ってください。

> ⓐインスタント食品　ⓑ餅　ⓒ禁煙席　ⓓ飯　ⓔ乾杯

2

① この店は(　　　)がいいので、お客さんも多いです。

② (　　　)料理を食べると、後で水が飲みたくなります。

③ この料理は見た目は悪いですが、(　　　)においしいです。

④ 日本の料理はほとんど(　　　)で食べます。

> ⓐ塩辛い　ⓑ意外　ⓒランチ　ⓓ雰囲気　ⓔ箸

정답
1 ①b ②b ③a ④b ⑤b
2 **1**①b ②a ③e ④c　**2**①d ②a ③b ④e

Day 38 쇼핑/장사

📱 팟캐스트에서 저자의 강의를 들으며 책을 보세요.

- いい**品**を見つける   좋은 상품을 발견하다
- **全**ての**商品**   모든 상품
- セット**商品**   세트 상품
- あれこれ**選**ぶ   이것저것 고르다
- **中古品**を**買**う   중고품을 사다
- **一度**にたくさん**買**う   한 번에 잔뜩 사다
- **日用品**を**買**う   일용품을 사다
- ゲームが**発売**される   게임이 발매되다
- **何**でも**構**いません   아무거나 괜찮아요
- **商品**を**交換**する   상품을 교환하다
- **注文**をキャンセルする   주문을 취소하다
- サービスがいい   서비스가 좋다
- **貸**し**出**しサービス   대여 서비스
- **別々**に**払**う   따로따로 지불하다

☐ 価格が書いてある	가격이 적혀 있다
☐ 値段が上がる	값이 오르다
☐ かなり高い	꽤 비싸다
☐ 高価な製品	고가의 제품
☐ とんでもない値段	터무니없는 가격
☐ 負けてください	깎아 주세요
☐ 特売が始まる	특가 판매가 시작되다
☐ セール期間	세일 기간
☐ 割引の値段	할인 가격
☐ 少なくとも千円	적어도 천 엔
☐ 親切な商人	친절한 상인
☐ 商売が上手だ	장사를 잘하다
☐ 店を経営する	가게를 경영하다
☐ 営業時間	영업 시간
☐ 売れる商品	잘 팔리는 상품
☐ 売り切れ	매진
☐ 今日の売上	오늘의 매상

- **お客様は神様** 손님은 왕
- **本日は休みです** 오늘은 휴일입니다
- **毎度ありがとうございます** 매번 감사합니다

 연습문제

1 알맞은 어휘에 체크하세요.

① 新しいゲームが (ⓐ 販売になります ⓑ 発売されます)。

② 旅館に泊まれば (ⓐ 少なくとも ⓑ せいぜい) 15,000円はかかります。

③ デパートで (ⓐ これあれ ⓑ あれこれ) 選んで買いました。

④ 自転車の (ⓐ 貸し出し ⓑ 貸与) サービスがありますか。

⑤ 全ての商品には価格が (ⓐ 書いています ⓑ 書いてあります)。

2 괄호 안에 들어갈 어휘를 a·b·c·d·e 중에서 선택하세요.

1

① この商品は後で他の商品と（　　　　）ができます。
② 図書館で本の（　　　　）が可能です。
③ 夜遅く行くと、食品の（　　　　）をしていてお得です。
④ 不景気で店の（　　　　）が苦しくなりました。

> ⓐ貸し出し　ⓑ交換　ⓒ商売　ⓓ割引　ⓔ経営

2

① 店員はお客さんに「（　　　　）ありがとうございます」とあいさつしました。
② 会社の同僚と食事するときは、いつも（　　　　）にお金を払います。
③ お店でコーヒーとサンドイッチを（　　　　）しました。
④ デパートでは、今週から夏服の（　　　　）が始まります。

> ⓐ別々　ⓑ特売　ⓒ注文　ⓓ営業　ⓔ毎度

정답

1 ①b ②a ③b ④a ⑤b
2 **1** ①b ②a ③d ④e　**2** ①e ②a ③c ④b

Day 39 패션

📱 팟캐스트에서 저자의 강의를 들으며 책을 보세요.

□ 婦人服	여성복
□ おしゃれな服	세련된 옷
□ 子供の衣服	어린이 의복
□ きれいなドレス	예쁜 드레스
□ 袖無し	민소매
□ ブラウスを着てみる	블라우스를 입어 보다
□ 綿の下着	면으로 된 속옷
□ 小さいハンドバッグ	작은 핸드백
□ 革のバッグ	가죽 가방
□ 金のイヤリング	금 귀걸이
□ リボンをつける	리본을 달다
□ 無地の服	무늬가 없는 옷
□ 細かい柄	자잘한 무늬
□ きちんとした服装	단정한 복장

☐ 流行を追う	유행을 따르다
☐ シャツとよく似合う	셔츠와 잘 어울리다
☐ 袖が長すぎる	소매가 너무 길다
☐ 飾りが邪魔だ	장식이 방해된다
☐ サイズが合わない	사이즈가 맞지 않다
☐ ジーンズがきつい	청바지가 꼭 끼다
☐ 服がぴったりだ	옷이 딱 맞다
☐ 服がゆるい	옷이 헐렁하다
☐ 種類が多い	종류가 많다
☐ 質が悪い	질이 나쁘다
☐ 単に高いだけ	그저 비싸기만 할 뿐

 **연습문제**

1 알맞은 어휘에 체크하세요.

① 私はシンプルな (ⓐ 無地の服 ⓑ しま模様の服)
   が好きです。
② 太ってしまってジーンズが (ⓐ ゆるい ⓑ きつい)
   です。
③ 誕生日に金の (ⓐ イヤーリング ⓑ イヤリング)
   をもらいました。
④ パーティーには (ⓐ 袖なし ⓑ きちんとした) 服
   装で行かなければなりません。
⑤ 頭にリボンを (ⓐ つけて ⓑ 下げて) 出かけま
   した。

2 괄호 안에 들어갈 어휘를 a・b・c・d・e 중에서 선택하세요.

1

① 簡単に子供服といっても、本当に (   )
   が多いですね。
② 私に合う (   ) の服がありません。

③ 女性へのプレゼントとして、一番人気があるのは（　　　　　）です。
④ いくら安くても（　　　　　）が悪い商品は売れません。

> ⓐ量　ⓑ革のバック　ⓒ種類　ⓓサイズ　ⓔ質

2

① 汗をよくかく人には（　　　　　）の下着がおすすめです。
②「その服、あなたに（　　　　　）ですね」「そう？ありがとう」
③ この服、デザインはいいんですが、飾りがちょっと（　　　　　）です。
④ いくら暑くても、会社では（　　　　　）無しは着ないでください。

> ⓐ綿　ⓑぴったり　ⓒ袖　ⓓ邪魔　ⓔリボン

정답

1　①a　②b　③b　④b　⑤a
2　1 ①c　②d　③b　④e　　2 ①a　②b　③d　④c

Day 40 색깔/모양

📱 팟캐스트에서 저자의 강의를 들으며 책을 보세요.

☐ いろいろな**カラー**	여러가지 컬러
☐ **ピンク**色の花	분홍색 꽃
☐ **茶色**の髪	갈색 머리
☐ **緑**の葉	초록색 잎
☐ **黄色**いひよこ	노란 병아리
☐ **灰色**の人生	잿빛 인생
☐ **真っ黒**な夜空	새까만 밤하늘
☐ 顔が**真っ青**になる	얼굴이 새파래지다
☐ **真っ赤**なうそ	새빨간 거짓말
☐ **真っ白**な雪	새하얀 눈
☐ **目立つ**色	눈에 띄는 색
☐ 色が**変化**する	색이 변화하다
☐ **細長い**棒	가늘고 긴 막대기
☐ **丸い**板	동그란 판자

平らな地面	평평한 지면
斜めにする	비스듬히 하다
直線を引く	직선을 긋다
丸をつける	동그라미를 치다
輪になって並ぶ	원형으로 늘어서다
好きな模様	좋아하는 모양
幅が広い	폭이 넓다
一番大きい	가장 크다
多少大きい	다소 크다
最も小さい	가장 작다
大きさが等しい	크기가 동일하다
ほぼ同じだ	거의 똑같다
完全に一致する	완전히 일치하다
本物そっくり	진짜와 똑같음
区別がつかない	구별이 안 되다
何か違う	무언가 다르다
違いに気づく	차이를 알아채다

☐ **それぞれ違^{ちが}う**	각각 다르다
☐ **まるでおもちゃみたいだ**	마치 장난감 같다
☐ **特色^{とくしょく}がない**	특색이 없다
☐ **印^{しるし}をつける**	표시를 하다
☐ **部分^{ぶぶん}と全体^{ぜんたい}**	부분과 전체

연습문제

1 알맞은 어휘에 체크하세요.

① おどろいて顔^{かお}が (ⓐ 真^まっ青^{さお}　ⓑ 真^まっ赤^か) になりました。

② このイミテーション、本物^{ほんもの} (ⓐ ぴったり　ⓑ そっくり) ですね。

③ よく見^みれば、違^{ちが}いに (ⓐ 気^きづき　ⓑ 気^きにし) ますよ。

④ 好^すきなものに (ⓐ 印^{しるし}をつけて　ⓑ 選^{えら}んで) ください。

⑤ 派手^{はで}で (ⓐ 目立^{めだ}つ　ⓑ 目^めにする) 服^{ふく}は好^すきじゃありません。

2 괄호 안에 들어갈 어휘를 a·b·c·d·e 중에서 선택하세요.

1

① 今日は朝から(　　　　)な雪が降っていて、とてもきれいです。
② 妻と離婚した後、私は(　　　　)の人生を送ってきました。
③ 春になると葉が(　　　　)に色づきます。
④ 私は(　　　　)のカーネーションが大好きです。

> ⓐ 真っ白　ⓑ 緑　ⓒ 灰色　ⓓ ピンク　ⓔ 真っ青

2

① 私のお気に入りは水玉(　　　　)の服です。
② 長い時間がたつと、色は(　　　　)してしまいます。
③ フォークダンスはみんなが(　　　　)になって踊ります。
④ 日本の道は(　　　　)が狭くて運転しにくいです。

> ⓐ 印　ⓑ 変化　ⓒ 模様　ⓓ 輪　ⓔ 幅

정답
1 ①a ②b ③a ④a ⑤a
2 1 ①a ②c ③b ④d 2 ①c ②b ③d ④e

1 (　　) に入れるのに最もよいものを、a・b・c・d から一つえらびなさい。

① キャンプに行って、私がご飯を (　　　　)。

　ⓐ 焼きました　ⓑ 炒めました　ⓒ 炊きました　ⓓ 煮ました

② 彼は (　　　　) うそをつきました。

　ⓐ 真っ黒な　ⓑ 真っ赤な　ⓒ 真っ白な　ⓓ 真っ青な

③ 若者はいつも流行を (　　　　)。

　ⓐ ついて行きます　　ⓑ したがいます
　ⓒ 追います　　　　　ⓓ 好きです

④ 昨日、出たばかりの製品がもう (　　　　) ました。

　ⓐ 売り切れ　ⓑ 発売　ⓒ 締め切り　ⓓ 買い上げ

⑤ これは妻の (　　　　) の料理で、とてもおいしいですよ。

　ⓐ 上手な　ⓑ 自信　ⓒ 上達　ⓓ 自慢

⑥ そのシャツ、よく (　　　　) ね。

　ⓐ 似ます　ⓑ すてきです　ⓒ 似合います　ⓓ 飾ります

⑦ どれも大きさが(　　　　)。

　ⓐ 等しいです　ⓑ 低いです　ⓒ 高いです　ⓓ 飾ります

⑧ 後輩がビールを(　　　　)くれました。

　ⓐ 注いで　ⓑ 入れて　ⓒ 流して　ⓓ こぼして

2 説明に最も合う言葉を、a・b・c・dから一つえらびなさい。

① 新鮮で生気があって、元気なようす。

　ⓐ どきどきする　　　ⓑ 生き生きする
　ⓒ はらはらする　　　ⓓ 新々する

② まったく違うことを言われて、驚きの気持ちを表す。

　ⓐ とんでもない　　　ⓑ ばかばかしい
　ⓒ 不安だ　　　　　　ⓓ びっくりする

③ 熱いものが、だんだんその熱が下がっていくこと。

　ⓐ 加熱する　ⓑ 下げる　ⓒ 冷める　ⓓ 溶ける

④ お金を払わないで食べること。

   ⓐ だまって食べる　　　ⓑ ただで食べる
   ⓒ 聞いて食べる　　　　ⓓ 買って食べる

3 _____ に最も意味が近いものを、a・b・c・d から一つえらびなさい。

① すみません、この服、ちょっと負けてください。

   ⓐ 返品して　ⓑ 貸して　ⓒ 安くして　ⓓ 売って

② これはどれも大きさが等しい。

   ⓐ 大きい　ⓑ 小さい　ⓒ 同じだ　ⓓ 違う

③ 熱いですから鍋に気を付けてください。

   ⓐ 気にして　ⓑ 気になって　ⓒ 注意して　ⓓ 安心して

④ この服、あなたにぴったりです。

   ⓐ できます　ⓑ 合います　ⓒ 同じです　ⓓ ふさわしいです

4 つぎのことばの使い方として最もよいものを、a・b・c・d から一つえらびなさい。

① 混ぜる
   ⓐ 男の子たちの中に女の子が一人まぜています。

ⓑ 最後はご飯にのりをまぜて出来上りです。
ⓒ 子供とお風呂にまぜて入るのが好きです。
ⓓ 日本の本は漢字とひらがながまぜています。

② 気をつける

ⓐ いつも彼女のことが気をつけます。
ⓑ 公園で寝ていて、気をつけたら朝だった。
ⓒ いつも失礼のないように気をつけています。
ⓓ レポートを家に置いてきたことに気をつけました。

③ さっぱりする

ⓐ トイレにいってさっぱりしました。
ⓑ 先生にしかられて、さっぱりしました。
ⓒ 野菜サラダはさっぱりした味です。
ⓓ 今度の試験は、さっぱりした問題が多かったです。

④ 売り切れ

ⓐ このケーキは人気があるので、すぐに売り切れになります。
ⓑ お客さんがいないので、店を売り切れにします。
ⓒ 明日は売り切れに行こうと思います。
ⓓ デパートでは今、売り切れセールをしています。

*정답은 242쪽을 확인하세요.

Day 41 여가 생활/취미
Day 42 운동/스포츠
Day 43 여행
Day 44 방송/연예/관람
Day 45 신체 표현

Day 41 여가 생활/취미

📱 팟캐스트에서 저자의 강의를 들으며 책을 보세요.

☐ **クラシック**をよく**聞**く	클래식을 자주 듣는다
☐ **楽器**を**演奏**する	악기를 연주하다
☐ **バイオリン**を**弾**く	바이올린을 켜다
☐ **読書**をする	독서를 하다
☐ **本**に**夢中**になる	책에 푹 빠지다
☐ **続**きを**読**む	다음 내용을 읽다
☐ **ざっと読**む	대충 읽다
☐ **読書**を**勧**める	독서를 권장하다
☐ **本**が**破**れる	책이 찢어지다
☐ **くだらない本**	시시한 책
☐ **本**の**表紙**	책 표지
☐ **絵画**を**集**める	회화(그림)를 모으다
☐ **まんが**を**描**く	만화를 그리다
☐ **心理テスト**	심리 테스트

- **トランプの手品** — 트럼프 마술
- **ビデオを借りる** — 비디오를 빌리다
- **宗教を信じる** — 종교를 믿다
- **ちょっと外出する** — 잠깐 외출하다
- **美術館で絵を見る** — 미술관에서 그림을 보다
- **博物館を見物する** — 박물관을 구경하다
- **キャンプに行く** — 캠핑하러 가다
- **ハイキングを楽しむ** — 하이킹을 즐기다
- **海水浴をする** — 해수욕을 하다
- **楽しい祭り** — 즐거운 축제
- **ゆっくり休養する** — 느긋하게 휴양하다

1 알맞은 어휘에 체크하세요.

① このごろ、歴史の本に (ⓐ熱中 ⓑ夢中) になっています。
② 日本には、各地に楽しい (ⓐお祭り ⓑおどり) があります。
③ 絵画を (ⓐ集まる ⓑ集める) のが私の趣味です。
④ 明日は休日ですから、(ⓐゆったり ⓑゆっくり) 休養してください。

2 괄호 안에 들어갈 어휘를 a·b·c·d·e 중에서 선택하세요.

1

① 昨日、読んだ本の (　　　　) を読んでいます。
② 本の題名は (　　　　) に書かれています。
③ まんがを (　　　　) のが私の趣味です。
④ 私は (　　　　) を聞くと心が落ち着きます。

ⓐ続き ⓑ描く ⓒ表紙 ⓓクラシック ⓔ書く

2

① 私は (　　　　) の中でバイオリンが一番好きです。

② 自分の適性を知るために、(　　　　) を受けました。

③ 私の結婚の条件は、(　　　　) を信じるかどうかです。

④ 私はトランプを使った (　　　　) が得意で、みんなの前でよくします。

> ⓐ宗教　ⓑ楽器　ⓒ手品　ⓓ心理テスト　ⓔ音楽

정답

1 ①b ②a ③b ④b
2 ❶①a ②c ③b ④d　❷①b ②d ③a ④c

Day 42 운동/스포츠

📱 팟캐스트에서 저자의 강의를 들으며 책을 보세요.

□ **ダンスを習う** 　　　　　　　댄스를 배우다

□ **スキーをする** 　　　　　　　스키를 타다

□ **スケートをする** 　　　　　　스케이트를 타다

□ **基本を習う** 　　　　　　　　기본을 배우다

□ **泳ぎが下手だ** 　　　　　　　헤엄을 잘 못치다

□ **登山を始める** 　　　　　　　등산을 시작하다

□ **筋肉運動** 　　　　　　　　　근육 운동

□ **マラソン競争** 　　　　　　　마라톤 경주

□ **プロ野球** 　　　　　　　　　프로야구

□ **アマチュアの選手** 　　　　　아마추어 선수

□ **アウトになる** 　　　　　　　아웃되다

□ **ゴールを決める** 　　　　　　득점하다, 골을 넣다

□ **記録を破る** 　　　　　　　　기록을 깨다

□ **手に汗を握る** 　　　　　　　손에 땀을 쥐다

試合まであと一週間	시합까지 앞으로 일주일
厳しい監督	엄한 감독
練習を繰り返す	연습을 되풀이하다
努力を重ねる	노력을 거듭하다
能力を試す	능력을 시험하다
お互い協力する	서로 협력하다
練習を怠ける	연습을 게을리하다
出場チーム	출전 팀
競争相手	경쟁 상대
制限時間	제한 시간
実力を評価する	실력을 평가하다
やはり無理だった	역시 무리였다
失敗して慌てる	실수해서 당황하다
現実を否定する	현실을 부정하다
負けて悔しい	져서 분하다
わざと負けてあげる	일부러 져 주다
意外の幸運	의외의 행운

- □ 私の負け/勝ちだ　　　　　　나의 패배/승리다
- □ 最終の優勝　　　　　　　　최종 우승

연습문제

1 알맞은 어휘에 체크하세요.

① 私はスケートを (ⓐ する ⓑ 乗る) のが大好きです。
② 残り1分で、逆転ゴールを (ⓐ 決めました ⓑ 入りました)。
③ 努力を (ⓐ 返して ⓑ 重ねて) ついに金メダルをとりました。
④ 練習を (ⓐ 怠けて ⓑ 破って) いては勝てません。
⑤ 後輩に会ったのに、(ⓐ わざと ⓑ わざわざ) 知らないふりをしました。

2 괄호 안에 들어갈 어휘를 a·b·c·d·e 중에서 선택하세요.

1

① 私は冬のスポーツの中で (　　　　　) が一番

好きです。
② 野球の人気が高くて、最近では（　　　　）の選手も増えています。
③ 10年かかってやっと（　　　　）を破りました。
④ （　　　　）の中では、私たちが一番強いです。

> ⓐ アマチュア ⓑ 記録 ⓒ スケート ⓓ 出場チーム ⓔ ダンス

2

① サッカーでは（　　　　）の役割がとても重要です。
② テニスでは、私の（　　　　）がいません。
③ ダイエットには（　　　　）が一番です。
④ 今度の大会は、私の（　　　　）を試すいい機会です。

> ⓐ 能力 ⓑ 監督 ⓒ 競争相手 ⓓ 筋肉運動 ⓔ 努力

정답

1 ①a ②a ③b ④a ⑤a
2 **1** ①c ②a ③b ④d **2** ①b ②c ③d ④a

Day 43 여행

팟캐스트에서 저자의 강의를 들으며 책을 보세요.

☐ どこか行きたい	어딘가 가고 싶다
☐ いつか行ってみたい	언젠가 가 보고 싶다
☐ 別に行きたくない	별로 가고 싶지 않다
☐ たとえ雨が降っても	설령 비가 내리더라도
☐ 旅行のプラン	여행 계획
☐ 旅に出る	여행길에 나서다
☐ 日帰り旅行	당일치기 여행
☐ 海外旅行	해외여행
☐ 言葉が通じる	말이 통하다
☐ 免税店に寄る	면세점에 들르다
☐ 中国を旅行する	중국을 여행하다
☐ ヨーロッパを観光する	유럽을 관광하다
☐ 予約を取り消す	예약을 취소하다
☐ パスポートを見せる	여권을 보여 주다

☐ 旅館に宿泊する	여관에 숙박하다
☐ 眺めのいい部屋	전망 좋은 방
☐ 荷物を預ける	짐을 맡기다
☐ 温泉に入る	온천에 들어가다
☐ 水着を着る	수영복을 입다
☐ 海を眺める	바다를 바라보다
☐ ボートに乗る	보트에 타다
☐ 船に酔う	뱃멀미를 하다
☐ 見事な光景	멋진 광경
☐ 素晴らしい風景	멋진 풍경
☐ 景色に感心する	경치에 감탄하다
☐ よく写った写真	잘 찍힌 사진
☐ 写真を拡大する	사진을 확대하다
☐ 道に迷う	길을 헤매다
☐ 道を詳しく説明する	길을 자세히 설명하다
☐ 徒歩10分	도보 10분
☐ 国境を越える	국경을 넘다

☐ **無事に帰った**   무사히 돌아왔다

☐ **お土産を買う**   선물을 사다

 연습문제

1 알맞은 어휘에 체크하세요.

① (ⓐ たとえ ⓑ たとえば) 雨が降っても行きます。
② 海の波が荒くて、船に (ⓐ 酔って ⓑ 乗って) しまいました。
③ フロントに荷物を (ⓐ 預けました ⓑ まかせました)。
④ 下手な英語でしたが、言葉が (ⓐ 通りました ⓑ 通じました)。

2 괄호 안에 들어갈 어휘를 a·b·c·d·e 중에서 선택하세요.

1
① 観光客がバスで ( ) に寄って、買い物をしました。

② 旅行で一番人気があるのが（　　　　）に入ることです。
③ 私は（　　　　）に酔うので、海には出たくありません。
④ 旅行に行って、旅館に（　　　　）しました。

- ⓐ 免税店　ⓑ 温泉　ⓒ 海外　ⓓ 船　ⓔ 宿泊

2

① 海外旅行に行くには、当然（　　　　）が必要です。
② お望み通り、（　　　　）のいい部屋を予約しました。
③ 飛行機を降りると、素晴らしい（　　　　）が目の前に広がっていました。
④ おいしい料理の味に（　　　　）しました。

- ⓐ 眺め　ⓑ 関心　ⓒ 光景　ⓓ 通帳　ⓔ パスポート

정답

1　①a　②a　③a　④b
2　■①a　②b　③d　④e　■①e　②a　③c　④b

Day 44 방송/연예/관람

📱 팟캐스트에서 저자의 강의를 들으며 책을 보세요.

☐ 連続ドラマ	연속 드라마
☐ クイズ番組	퀴즈 프로그램
☐ 名作映画	명작 영화
☐ 愉快な司会者	유쾌한 사회자
☐ マイクを使う	마이크를 사용하다
☐ インタビューに応じる	인터뷰에 응하다
☐ 関心が高まる	관심이 높아지다
☐ 放送に出る	방송에 나오다
☐ 宣伝効果	선전 효과
☐ 広告を出す	광고를 내다
☐ 美しい女優	아름다운 여배우
☐ 魅力的な俳優	매력적인 배우
☐ 国内で活動する	국내에서 활동하다
☐ 世界を驚かす	세계를 놀라게 하다

一時の人気	일시적인 인기
イメージが強い	이미지가 강하다
感覚が鋭い	감각이 날카롭다
評判が悪い	평판이 나쁘다
目立つ存在	눈에 띄는 존재
演劇を見る	연극을 보다
劇場でのマナー	극장에서의 매너
自由席に座る	자유석에 앉다
空席がない	빈자리가 없다
舞台に上がる	무대에 오르다
登場人物	등장인물
続々登場する	잇따라 등장하다
王様になる	왕이 되다
王子と姫	왕자와 공주
戦いが始まる	싸움이 시작되다
敵を倒す	적을 쓰러뜨리다
悲しい物語	슬픈 이야기

☐ **感動的な場面** 감동적인 장면

☐ **笑いが止まらない** 웃음이 멈추지 않다

연습문제

1 알맞은 어휘에 체크하세요.

① おおぜいの観客で (ⓐ いす ⓑ 空席) がありません。

② 大金が入って笑いが (ⓐ 止まりません ⓑ 止めません)。

③ 体が細くて、弱々しい (ⓐ イメージ ⓑ イメジ) が強いです。

④ 娘は美人で、クラスでも (ⓐ 目に余る ⓑ 目立つ) 存在です。

⑤ 彼女は外国じゃなくて (ⓐ 国内 ⓑ 国中) で活動しています。

2 괄호 안에 들어갈 어휘를 a·b·c·d·e 중에서 선택하세요.

1

① 母は (　　　　) が大好きで、毎日見ています。

② 多くの歌手がデビューしますが、(　　　　) の人気に終わる可能性も高いです。
③ 韓国の (　　　　) は中国の男性に人気があります。
④ 彼は (　　　　) が好きで、自分なりに問題に答えます。

> ⓐクイズ番組　ⓑ一時　ⓒ女優　ⓓ放送　ⓔ連続ドラマ

2

① 化粧品の (　　　　) に出る女優は一流だと言われます。
② 昨日、大学路に行って、(　　　　) を見ました。
③ 映画監督は (　　　　) が鋭い人が多いです。
④ アクション映画の魅力は、力で (　　　　) を倒すことです。

> ⓐ場面　ⓑ宣伝　ⓒ演劇　ⓓ感覚　ⓔ敵

정답

1 ①b ②a ③a ④b ⑤a
2 **1** ①e ②b ③c ④a **2** ①b ②c ③d ④e

Day 45 신체 표현

📱 팟캐스트에서 저자의 강의를 들으며 책을 보세요.

- ☐ **口が堅い** (くち かた) — 입이 무겁다
- ☐ **口が軽い** (くち かる) — 입이 가볍다
- ☐ **口が重い** (くち おも) — 과묵하다, 말수가 적다
- ☐ **口を出す** (くち だ) — 참견하다
- ☐ **口に合う** (くち あ) — 입맛에 맞다
- ☐ **顔が広い** (かお ひろ) — 발이 넓다
- ☐ **顔を出す** (かお だ) — 참석하다, 얼굴을 내밀다
- ☐ **頭に来る** (あたま く) — 화가 나다
- ☐ **目が回る** (め まわ) — 매우 바쁘다, 눈이 돌아가다
- ☐ **耳が痛い** (みみ いた) — 귀가 따갑다
- ☐ **耳にする** (みみ) — 듣다
- ☐ **腹が立つ** (はら た) — 화가 나다
- ☐ **腹を立てる** (はら た) — 화를 내다
- ☐ **腹が黒い** (はら くろ) — 꿍꿍이속이 있다

- □ **手が空く** 일이 없다
- □ **手が足りない** 일손이 부족하다
- □ **手を貸す** 일을 거들다
- □ **肩を持つ** 편들다, 가세하다
- □ **胸を打つ** 감동시키다

연습문제

1 알맞은 어휘에 체크하세요.

① 彼は (ⓐ 口が重い ⓑ 口が堅い) ので、かならず秘密は守ります。
② 映画の悲しいラストシーンが、私の (ⓐ 胸を打ちました ⓑ 顔に出ました)。
③ このごろお客さんが多くて (ⓐ 手が足りません ⓑ 手を貸します)。
④ 時間を守らないなんて、ほんとうに (ⓐ 頭に来る ⓑ 腹が痛い) よね。
⑤ 個人の問題には口を (ⓐ 出さない ⓑ 入れない) ほうがいいです。

2 괄호 안에 들어갈 어휘를 a·b·c·d·e 중에서 선택하세요.

1

① 彼はいつも人の話に口を (　　　) ので、皆から嫌われます。
②「この料理、口に (　　　) ますか？」
③ うちの子は口が (　　　) ので、人と話をしたがりません。

④ 「彼女は口が(　　　　)から、信用して話さない方がいいよ」

> ⓐ重い　ⓑ出す　ⓒ合い　ⓓさびしい　ⓔ軽い

2

① 彼は(　　　　)が広くて、どこに行っても知り合いがいます。
② 友達の悪い噂を(　　　　)にしました。
③ 「(　　　　)が空いたら、ちょっと手伝ってください」
④ 最近、本当に忙しくて(　　　　)が回りそうです。

> ⓐ耳　ⓑ手　ⓒ顔　ⓓ目　ⓔ頭

정답

1 ①b ②a ③a ④a ⑤a
2 1 ①b ②c ③a ④e 2 ①c ②a ③b ④d

1 ( ) に入れるのに最もよいものを、a・b・c・d から一つえらびなさい。

① 彼女はめずらしくテレビのインタビューに（　　　　）。

ⓐ しました ⓑ 合いました ⓒ 応じました ⓓ 言いました

② 彼は仕事はできるけど、会社での（　　　　）が悪い。

ⓐ 評判 ⓑ 景気 ⓒ 人気 ⓓ 口

③ 週末はみんなで（　　　　）を楽しみました。

ⓐ ハイーキング　　　ⓑ ハーイキング
ⓒ ハイキング　　　　ⓓ ハイキーグ

④ 漫画を（　　　　）のが、私の趣味です。

ⓐ 書く ⓑ 読書 ⓒ 見学 ⓓ 描く

⑤ オリンピックで世界記録を（　　　　）。

ⓐ 破りました　　　ⓑ 壊しました
ⓒ 割りました　　　ⓓ 重ねました

⑥ 私も(　　　　)日本に行ってみたいです。

　ⓐ どこか　ⓑ 誰か　ⓒ いつか　ⓓ 何か

⑦ 海で泳ぐときは(　　　　)を着ます。

　ⓐ 水泳服　ⓑ 海水服　ⓒ 水着　ⓓ 下着

⑧ 初めて来たところなので、道に(　　　　)しまいました。

　ⓐ 迷って　ⓑ 忘れて　ⓒ 失って　ⓓ 落として

2 説明に最も合う言葉を、a・b・c・d から一つえらびなさい。

① 朝、出かけて行って夜帰ってくる旅行。

　ⓐ 一泊二日　ⓑ 日帰り　ⓒ 夜帰り　ⓓ 一日帰り

② 商品やサービスなどの情報を多くの人に知らせること。

　ⓐ 放送　ⓑ 広告　ⓒ 商売　ⓓ 仕事

③ 旅行などに行ったとき、買ってくるもの。

　ⓐ 買い物　ⓑ 贈り物　ⓒ バーゲン　ⓓ お土産

④ 演劇や映画などを観客に見せる場所。

ⓐ 舞台 ⓑ 博物館 ⓒ 劇場 ⓓ 自由席

3 _____ に最も意味が近いものを、a・b・c・d から一つえらびなさい。

① 毎朝、新聞をざっと読みます。

ⓐ よく ⓑ たいてい ⓒ ずっと ⓓ だいたい

② 胸を打つ場面では涙が出ました。

ⓐ 息苦しい　　　　　ⓑ はずかしい
ⓒ 感動的な　　　　　ⓓ イメージが強い

③ 用事ができて、予約を取り消しました。

ⓐ 打ち消し ⓑ 取りやめ ⓒ 言い消し ⓓ 打ち止め

④ 子どものころから悲しい物語が好きじゃありませんでした。

ⓐ ストーリー ⓑ 演劇 ⓒ プログラム ⓓ 冗談

4 つぎのことばの使い方として最もよいものを、a・b・c・dから一つえらびなさい。

① 着る
   ⓐ 素敵なワンピースを着て、出かけました。
   ⓑ 約束時間より早く着ました。
   ⓒ 私はスカートを着るのが好きじゃありません。
   ⓓ 会社員になったので、ネクタイを着て行きます。

② 弾く
   ⓐ 子供のころから笛を弾くのが好きでした。
   ⓑ みんなでドラムを弾くとストレスが解消します。
   ⓒ 私はギターを弾くのが趣味です。
   ⓓ クラッシックを弾くと心が弾みます。

③ 目が回る
   ⓐ カバンがあまりに高くて、目が回ります。
   ⓑ 彼女は本当に美人で、目が回りました。
   ⓒ 昨日から風邪で、目が回ります。
   ⓓ 毎日、忙しくて目が回りそうです。

④ 肩を持つ
   ⓐ 「一緒に行こう」と肩を持ちました。
   ⓑ 母はいつも姉の肩を持ちます。
   ⓒ 疲れたときはいつも肩を持って運動します。
   ⓓ 悲しくて、二人で肩を持って泣きました。

*정답은 242쪽을 확인하세요.

실전문제 정답

1주
1 ①d ②a ③c ④d ⑤d ⑥b ⑦c ⑧b 2 ①b ②c ③d ④a 3 ①a ②b ③b ④a 4 ①b ②c ③d ④c

2주
1 ①b ②d ③a ④b ⑤c ⑥a ⑦b ⑧d 2 ①a ②b ③a ④a 3 ①c ②b ③a ④b 4 ①c ②a ③b ④a

3주
1 ①a ②c ③a ④d ⑤a ⑥a ⑦c ⑧b 2 ①b ②a ③c ④b 3 ①c ②d ③a ④b 4 ①c ②c ③a ④a

4주
1 ①b ②c ③a ④d ⑤a ⑥d ⑦a ⑧a 2 ①a ②b ③a ④a 3 ①d ②a ③a ④b 4 ①b ②d ③b ④a

5주
1 ①c ②a ③c ④d ⑤a ⑥c ⑦a ⑧d 2 ①c ②a ③a ④c 3 ①b ②d ③a ④b 4 ①a ②c ③d ④c

6주
1 ①b ②b ③c ④a ⑤b ⑥a ⑦d ⑧b 2 ①a ②c ③b ④b 3 ①c ②a ③c ④a 4 ①b ②d ③b ④b

7주
1 ①c ②c ③d ④a ⑤a ⑥b ⑦a ⑧c 2 ①b ②b ③a ④a 3 ①a ②c ③b ④a 4 ①d ②c ③a ④b

8주
1 ①c ②b ③c ④a ⑤d ⑥c ⑦a ⑧a 2 ①b ②a ③c ④b 3 ①c ②c ③c ④b 4 ①b ②c ③c ④a

9주
1 ①c ②a ③c ④d ⑤a ⑥c ⑦c ⑧a 2 ①b ②b ③d ④c 3 ①d ②c ③b ④a 4 ①a ②c ③d ④b

어휘만 알아도 일본어능력시험에 합격한다

일본어 단어 자동암기 N3

초판 1쇄 인쇄	2017년 02월 15일
초판 1쇄 발행	2017년 02월 20일
지은이	김연진, 오쿠무라 유지
펴낸이	홍성은
펴낸곳	바이링구얼
교정·교열	홍희정
디자인	이초희
삽화	김영진
출판등록	2011년 01월 12일
주 소	서울 양천구 신정로 275, 202-601
전 화	(02) 6015-8835 팩스 (02) 6455-8835
메 일	nick0413@gmail.com
ISBN	979-11-85980-17-1 13730

• 잘못된 책은 구입한 서점에서 바꿔 드립니다.